Ivan Koesjnir

Economie van Oost-Azië

Serie "Economie in landen"

eerst gepubliceerd: 2021
laatst bijgewerkt: 2021-02-02

Ivan Koesjnir. Economie van Oost-Azië. Serie "Economie in landen". - 2021. - 71 pages.

Dit boek over de economie van Oost-Azië van de jaren 1970 tot de jaren 2010. Brongegevens uit UN Data.

Grootte. In de jaren 2010 was het bruto binnenlands product van Oost-Azië gelijk aan US$18,1 biljoen per jaar; de waarde van de landbouw was US$988,8 miljard; de waarde van de industrie was US$5,5 biljoen.

Productiviteit. In de jaren 2010 bedroeg het bruto binnenlands product per hoofd van de bevolking $11.032,3, de waarde van de landbouw per hoofd $602,9, de waarde van de industrie per hoofd $3.346,9. Omdat de productiviteit tussen het gemiddelde en het gemiddelde boven het gemiddelde ligt, wordt de economie geclassificeerd als ontwikkeld.

Groei. In de jaren 2010 bedroeg de groei van het bruto binnenlands product 5,4%; de groei van de landbouw was 3,3%; de groei van de industrie was 6,1%.

Structuur. In de jaren 2010 omvatte de economie van Oost-Azië: diensten (37,8%), industrie (30,7%), handel (13,3%), vervoer (6,5%), bouw (6,2%) en landbouw (5,5%).

Uitvoer en invoer. In de jaren 2010 was de uitvoer 7,8% hoger dan de invoer, de netto-uitvoer was gelijk aan 1,9% van het BBP.

Consumptie en reproductie. De houding van reproductie ten opzichte van de consumptie is beter dan het mondiale gemiddelde, dus het aandeel van het BBP in de wereld zal toenemen.

Serie "Economie in landen": parallel.page.link/nl

ISBN: 9798701848762

Inhoud

Part I. Grootte

	de jaren 2010
BBP	US$18,1 biljoen
Het aandeel in de wereld	23,3%
Het aandeel in Azië	66,1%

Hoofdstuk I. Bruto binnenlands product

Het BBP van Oost-Azië steeg van US$777,3 miljard per jaar in de jaren 1970 tot US$18,1 biljoen per jaar in de jaren 2010, dat wil zeggen met US$17,3 biljoen of 23,3 keer. De verandering vond plaats op US$12,1 biljoen als gevolg van een 3,0-voudige stijging van de prijzen, en ook op US$4,8 biljoen als gevolg van een 5,1-voudige toename van de productiviteit , evenals op US$386,2 miljard als gevolg van de toename van de bevolking. De gemiddelde jaarlijkse groei van het BBP is 5,2%. De minimumwaarde van het BBP bedroeg US$329,1 miljard in 1970. De maximumwaarde van het BBP bedroeg US$22,1 biljoen in 2019.

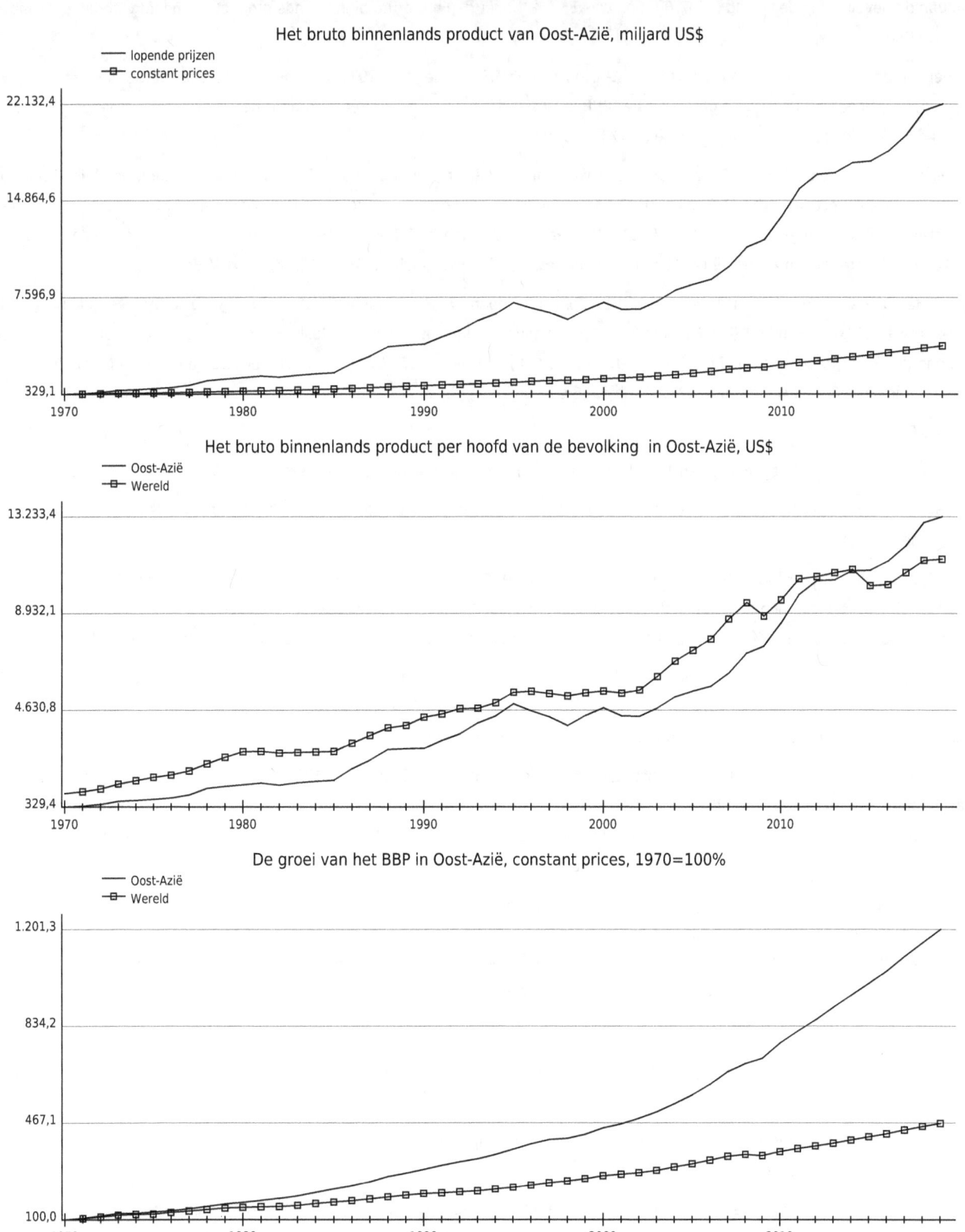

Het bruto binnenlands product van Oost-Azië, miljard US$

Het bruto binnenlands product per hoofd van de bevolking in Oost-Azië, US$

De groei van het BBP in Oost-Azië, constant prices, 1970=100%

de jaren 1970

Het bruto binnenlands product van Oost-Azië bedroeg in de jaren 1970 US$777,3 miljard per jaar, en was vergelijkbaar met Oost-Europa (US$774,0 miljard). Het aandeel in de wereld was 11,9%, en 63,7% in Azië.

Het BBP van Oost-Azië bestond uit: huishoudelijke uitgaven (50,6%), kapitaalvorming (34,5%) en overheidsuitgaven (13,3%).

Het BBP per hoofd in Oost-Azië was $709,4 in de jaren 1970s, en was vergelijkbaar met Mauritius (US$711,8), Swaziland (US$712,0), Jordanië (US$715,4). Het bruto binnenlands product per hoofd in Oost-Azië was in 2,3 keer lager dan het bruto binnenlands product per hoofd van de bevolking in de wereld ($1.620,8), en was 35,1% hoger dan het bruto binnenlands product per hoofd van de bevolking in Azië ($1.620,8).

De groei van het bruto binnenlands product in Oost-Azië bedroeg 5.3% in de jaren 1970, en was vergelijkbaar met Oost-Europa (5,3%), Nigeria (5,3%), Hongarije (5,3%). De groei van het BBP in Oost-Azië (5,3%) was groter dan de groei van het BBP in de wereld (4,1%), was minder dan de groei van het BBP in Azië (5,5%).

Vergelijking met subregio's. Het BBP van Oost-Azië was groter dan in Zuid-Azië (US$180,6 miljard), in Zuidwest-Azië (US$169,7 miljard) en in Zuidoost-Azië (US$91,8 miljard). Het bruto binnenlands product per hoofd in Oost-Azië was in Oost-Azië groter dan in Zuidoost-Azië (US$290,9) en in Zuid-Azië (US$218,7); maar minder dan in Zuidwest-Azië (US$2,0 duizend). De groei van het BBP in Oost-Azië was groter dan in Zuid-Azië (2,7%); maar minder dan in Zuidwest-Azië (7,6%) en in Zuidoost-Azië (7,1%).

Leiders. Het BBP van Oost-Azië in de jaren 1970 bestond uit: Japan (71,8%), China (20,1%), Zuid-Korea (3,5%), Hongkong (1,4%), Noord-Korea (0,95%), en andere (2,2%). Het bruto binnenlands product per hoofd in Oost-Azië onder de leiders: Japan ($5.011,3), Hongkong ($2.625,2), Zuid-Korea ($778,5), Noord-Korea ($524,0) en China ($171,0). De groei van het BBP onder de leiders: Zuid-Korea (10,6%), Hongkong (8,9%), Noord-Korea (7,6%), China (6,0%) en Japan (4,6%).

de jaren 1980

Het BBP van Oost-Azië bedroeg in de jaren 1980 US$2,4 biljoen per jaar. Het aandeel in de wereld was 15,9%, en 69,3% in Azië.

Het BBP van Oost-Azië bestond uit: huishoudelijke uitgaven (51,8%), kapitaalvorming (32,1%), overheidsuitgaven (13,8%) en netto-uitvoer (1,8%).

Het BBP per hoofd in Oost-Azië was $1.880,1 in de jaren 1980s, en was vergelijkbaar met Ecuador (US$1.861,4), Costa Rica (US$1.859,7). Het BBP per hoofd in Oost-Azië was 39,8% lager dan het bruto binnenlands product per hoofd van de bevolking in de wereld ($3.123,4), en was 53,9% hoger dan het bruto binnenlands product per hoofd van de bevolking in Azië ($3.123,4).

De groei van het bruto binnenlands product in Oost-Azië bedroeg 5.7% in de jaren 1980, en was vergelijkbaar met India (5,7%), Dominica (5,7%), Kaapverdië (5,7%). De groei van het BBP in Oost-Azië (5,7%) was groter dan de groei van het BBP in de wereld (3,0%), was groter dan de groei van het bruto binnenlands product in Azië (4,6%).

Vergelijking met subregio's. Het BBP van Oost-Azië was groter dan in Zuid-Azië (US$420,8 miljard), in Zuidwest-Azië (US$390,9 miljard) en in Zuidoost-Azië (US$252,8 miljard). Het BBP per hoofd in Oost-Azië was in Oost-Azië groter dan in Zuidoost-Azië (US$637,6) en in Zuid-Azië (US$401,2); maar minder dan in Zuidwest-Azië (US$3,4 duizend). De groei van het BBP in Oost-Azië was groter dan in Zuidoost-Azië (5,3%), in Zuid-Azië (3,5%) en in Zuidwest-Azië (0,53%).

Leiders. Het BBP van Oost-Azië in de jaren 1980 bestond uit: Japan (75,6%), China (13,7%), Zuid-Korea (5,1%), Hongkong (1,7%), Noord-Korea (0,53%), en andere (3,4%). Het BBP per hoofd in Oost-Azië onder de leiders: Japan ($14.970,9), Hongkong ($7.828,3), Zuid-Korea ($3.004,9), Noord-Korea ($759,7) en China ($307,7). De groei van het bruto binnenlands product onder de leiders: China (9,7%), Zuid-Korea (8,8%), Hongkong (7,4%), Japan (4,3%) en Noord-Korea (2,8%).

de jaren 1990

Het bruto binnenlands product van Oost-Azië bedroeg in de jaren 1990 US$5,9 biljoen per jaar. Het aandeel in de wereld was 20,6%, en 75,8% in Azië.

Het bruto binnenlands product van Oost-Azië bestond uit: huishoudelijke uitgaven (52,1%), kapitaalvorming (31,7%), overheidsuitgaven (14,5%) en netto-uitvoer (1,5%).

Het BBP per hoofd in Oost-Azië was $4.048,5 in de jaren 1990s, en was vergelijkbaar met Centraal-Amerika (US$4,0 duizend), Turkije (US$4,0 duizend), Zuidwest-Azië (US$4,0 duizend). Het BBP per hoofd in Oost-Azië was 19,4% lager dan het bruto binnenlands product per hoofd van de bevolking in de wereld ($5.020,1), en was 80,4% hoger dan het bruto binnenlands product per hoofd van de bevolking in Azië ($5.020,1).

De groei van het bruto binnenlands product in Oost-Azië bedroeg 4.4% in de jaren 1990, en was vergelijkbaar met Belize (4,4%). De groei van het BBP in Oost-Azië (4,4%) was groter dan de groei van het BBP in de wereld (2,8%), was minder dan de groei van het BBP in Azië (4,7%).

Vergelijking met subregio's. Het bruto binnenlands product van Oost-Azië was groter dan in Zuidwest-Azië (US$658,5 miljard), in Zuid-Azië (US$601,6 miljard), in Zuidoost-Azië (US$571,6 miljard) en in Centraal-Azië (US$47,0 miljard). Het BBP per hoofd in Oost-Azië was in Oost-Azië groter dan in Zuidwest-Azië (US$4,0 duizend), in Zuidoost-Azië (US$1.187,4), in Centraal-Azië (US$891,5) en in Zuid-Azië (US$459,4). De groei van het BBP in Oost-Azië was groter dan in Centraal-Azië (-4,0%); maar minder dan in Zuidoost-Azië (5,2%), in Zuid-Azië (5,1%) en in Zuidwest-Azië (4,6%).

Leiders. Het BBP van Oost-Azië in de jaren 1990 bestond uit: Japan (73,4%), China (12,2%), Zuid-Korea (7,6%), Hongkong (2,3%), Noord-Korea (0,18%), en andere (4,4%). Het BBP per hoofd in Oost-Azië onder de leiders: Japan ($34.325,0), Hongkong ($22.073,1), Zuid-Korea ($9.892,2), China ($581,3) en Noord-Korea ($491,2). De groei van het BBP onder de leiders: China (10,0%), Zuid-Korea (7,2%), Hongkong (3,6%), Japan (1,5%) en Noord-Korea (-3,2%).

de jaren 2000

Het BBP van Oost-Azië bedroeg in de jaren 2000 US$8,7 biljoen per jaar. Het aandeel in de wereld was 18,6%, en 68,9% in Azië.

Het BBP van Oost-Azië bestond uit: huishoudelijke uitgaven (50,6%), kapitaalvorming (30,5%), overheidsuitgaven (16,0%) en netto-uitvoer (2,9%).

Het BBP per hoofd in Oost-Azië was $5.558,6 in de jaren 2000s, en was vergelijkbaar met Oost-Europa (US$5,5 duizend), Rusland (US$5,5 duizend), Mauritius (US$5,6 duizend). Het bruto binnenlands product per hoofd in Oost-Azië was 22,5% lager dan het bruto binnenlands product per hoofd van de bevolking in de wereld ($7.176,3), en was 74,8% hoger dan het bruto binnenlands product per hoofd van de bevolking in Azië ($7.176,3).

De groei van het bruto binnenlands product in Oost-Azië bedroeg 5.3% in de jaren 2000, en was vergelijkbaar met Singapore (5,3%), Djibouti (5,3%), Koeweit (5,3%). De groei van het bruto binnenlands product in Oost-Azië (5,3%) was groter dan de groei van het bruto binnenlands product in de wereld (3,0%), was groter dan de groei van het bruto binnenlands product in Azië (5,2%).

Vergelijking met subregio's. Het bruto binnenlands product van Oost-Azië was groter dan in Zuidwest-Azië (US$1,5 biljoen), in Zuid-Azië (US$1,3 biljoen), in Zuidoost-Azië (US$1,0 biljoen) en in Centraal-Azië (US$102,4 miljard). Het BBP per hoofd in Oost-Azië was in Oost-Azië groter dan in Zuidoost-Azië (US$1.827,8), in Centraal-Azië (US$1.757,0) en in Zuid-Azië (US$823,6); maar minder dan in Zuidwest-Azië (US$7,3 duizend). De groei van het bruto binnenlands product in Oost-Azië was groter dan in Zuidoost-Azië (5,1%) en in Zuidwest-Azië (4,3%); maar minder dan in Centraal-Azië (7,8%) en in Zuid-Azië (5,7%).

Leiders. Het BBP van Oost-Azië in de jaren 2000 bestond uit: Japan (53,8%), China (29,9%), Zuid-Korea (9,7%), Hongkong (2,1%), Macau (0,15%), en andere (4,3%). Het BBP per hoofd in Oost-Azië onder de leiders: Japan ($36.386,2), Hongkong ($27.459,8), Macau ($26.682,2), Zuid-Korea ($17.318,0) en China ($1.954,1). De groei van het BBP onder de leiders: China (10,3%), Macau (9,4%), Zuid-Korea (4,9%), Hongkong (4,2%) en Japan (0,50%).

de jaren 2010

Het bruto binnenlands product van Oost-Azië bedroeg in de jaren 2010 US$18,1 biljoen per jaar, en was vergelijkbaar met de Verenigde Staten (US$18,0 biljoen). Het aandeel in de wereld was 23,3%, en 66,1% in Azië.

Het BBP van Oost-Azië bestond uit: huishoudelijke uitgaven (44,9%), kapitaalvorming (36,2%), overheidsuitgaven (16,9%) en netto-uitvoer (1,9%).

Het bruto binnenlands product per hoofd in Oost-Azië was $11.032,3 in de jaren 2010s, en was vergelijkbaar met Nauru (US$11,0 duizend), Turkije (US$10,9 duizend), Oost-Europa (US$10,9 duizend). Het bruto binnenlands product per hoofd in Oost-Azië was 4,0% hoger dan het bruto binnenlands product per hoofd van de bevolking in de wereld ($10.603,1), en was 77,7% hoger dan het bruto binnenlands product per hoofd van de bevolking in Azië ($10.603,1).

De groei van het bruto binnenlands product in Oost-Azië bedroeg 5.4% in de jaren 2010, en was vergelijkbaar met Maleisië (5,3%),

Oeganda (5,4%), Fiji (5,4%). De groei van het BBP in Oost-Azië (5,4%) was groter dan de groei van het BBP in de wereld (3,1%), was groter dan de groei van het bruto binnenlands product in Azië (5,2%).

Vergelijking met subregio's. Het BBP van Oost-Azië was 5,5 keer groter dan in Zuid-Azië (US$3,3 biljoen), 5,8 keer groter dan in Zuidwest-Azië (US$3,1 biljoen), 7,0 keer groter dan in Zuidoost-Azië (US$2,6 biljoen) en 60,0 keer groter dan in Centraal-Azië (US$301,6 miljard). Het bruto binnenlands product per hoofd in Oost-Azië was in Oost-Azië2,5 keer groter dan in Centraal-Azië (US$4,4 duizend), 2,7 keer groter dan in Zuidoost-Azië (US$4,1 duizend) en 6,1 keer groter dan in Zuid-Azië (US$1.801,7); maar 10,0% minder dan in Zuidwest-Azië (US$12,3 duizend). De groei van het bruto binnenlands product in Oost-Azië was groter dan in Zuidoost-Azië (5,2%) en in Zuidwest-Azië (3,9%); maar minder dan in Zuid-Azië (5,6%) en in Centraal-Azië (5,5%).

Leiders. Het bruto binnenlands product van Oost-Azië in de jaren 2010 bestond uit: China (58,1%), Japan (28,9%), Zuid-Korea (8,0%), Hongkong (1,7%), Macau (0,26%), en andere (3,1%). Het BBP per hoofd in Oost-Azië onder de leiders: Macau ($78.446,8), Hongkong ($41.871,3), Japan ($40.869,8), Zuid-Korea ($28.660,3) en China ($7.491,3). De groei van het BBP onder de leiders: China (7,7%), Macau (4,6%), Zuid-Korea (3,3%), Hongkong (2,9%) en Japan (1,3%).

Hoofdstuk II. Toegevoegde waarde

De toegevoegde waarde van Oost-Azië steeg van US$760,5 miljard per jaar in de jaren 1970 tot US$17,9 biljoen per jaar in de jaren 2010, dat wil zeggen met US$17,1 biljoen of 23,5 keer. De verandering vond plaats op US$12,3 biljoen als gevolg van een 3,2-voudige stijging van de prijzen, en ook op US$4,5 biljoen als gevolg van een 5,0-voudige toename van de productiviteit , evenals op US$377,8 miljard als gevolg van de toename van de bevolking. De gemiddelde jaarlijkse groei van de toegevoegde waarde is 5,1%. De minimumwaarde van de toegevoegde waarde bedroeg US$324,6 miljard in 1970. De maximumwaarde van de toegevoegde waarde bedroeg US$21,9 biljoen in 2019.

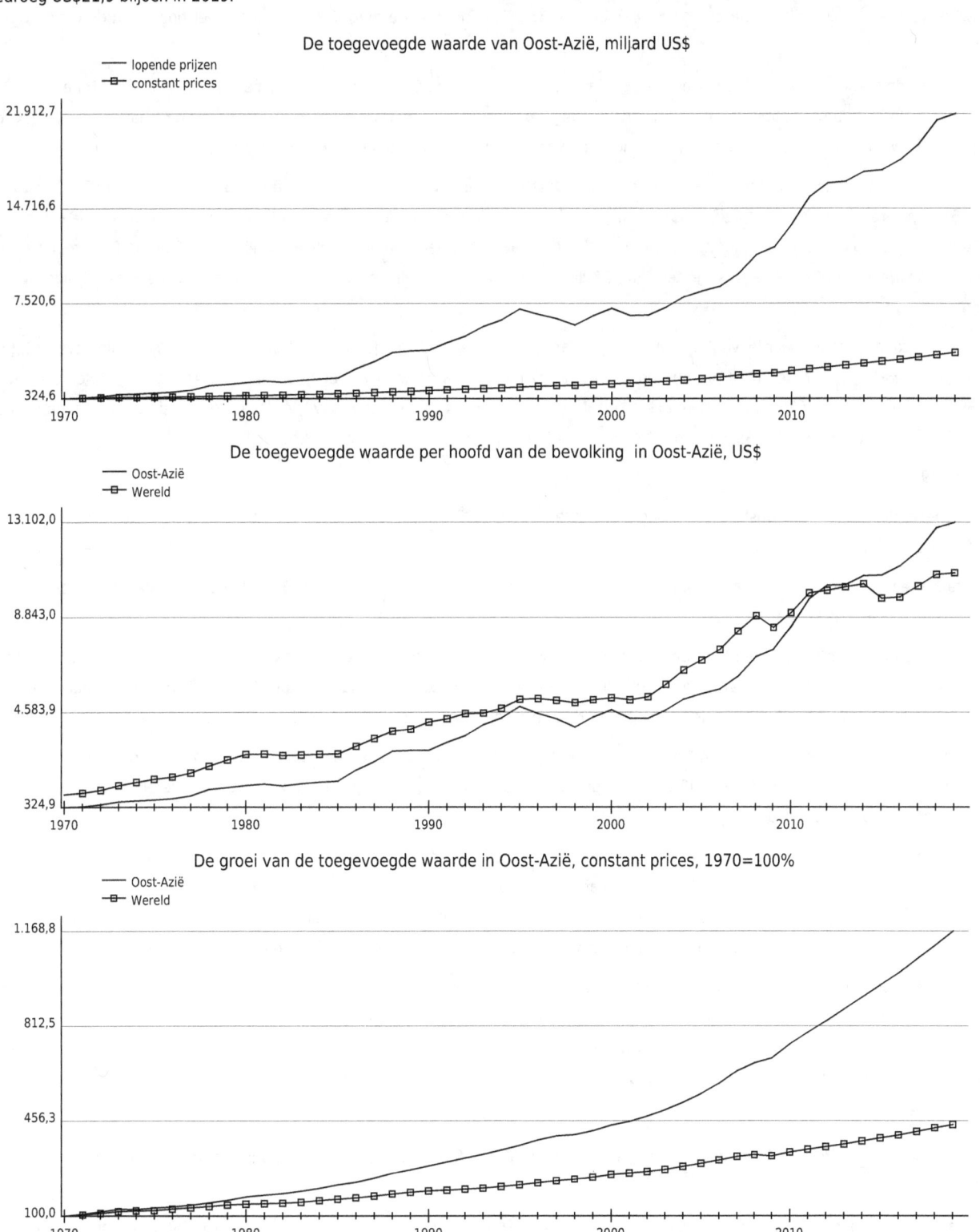

De toegevoegde waarde van Oost-Azië, miljard US$

De toegevoegde waarde per hoofd van de bevolking in Oost-Azië, US$

De groei van de toegevoegde waarde in Oost-Azië, constant prices, 1970=100%

de jaren 1970

De toegevoegde waarde van Oost-Azië bedroeg in de jaren 1970 US$760,5 miljard per jaar, en was vergelijkbaar met Oost-Europa (US$771,7 miljard). Het aandeel in de wereld was 12,0%, en 64,4% in Azië.

De totale toegevoegde waarde van Oost-Azië bestond uit: industrie (35,2%), diensten (24,6%), handel (14,4%), landbouw (11,2%), transport (7,6%) en bouw (7,0%).

De toegevoegde waarde per hoofd in Oost-Azië was $694,0 in de jaren 1970s, en was vergelijkbaar met Zuid-Korea (US$701,6), Irak (US$703,7), Vanuatu (US$706,2). De toegevoegde waarde per hoofd in Oost-Azië was in 2,3 keer lager dan de toegevoegde waarde per hoofd van de bevolking in de wereld ($1.564,4), en was 36,5% hoger dan de toegevoegde waarde per hoofd van de bevolking in Azië ($1.564,4).

De groei van de toegevoegde waarde in Oost-Azië bedroeg 5.3% in de jaren 1970, en was vergelijkbaar met Trinidad en Tobago (5,2%), Oost-Europa (5,2%), Bolivia (5,3%). De groei van de toegevoegde waarde in Oost-Azië (5,3%) was groter dan de groei van de toegevoegde waarde in de wereld (3,9%), was minder dan de groei van de toegevoegde waarde in Azië (5,5%).

Vergelijking met subregio's. De toegevoegde waarde van Oost-Azië was groter dan in Zuid-Azië (US$169,1 miljard), in Zuidwest-Azië (US$161,1 miljard) en in Zuidoost-Azië (US$89,5 miljard). De toegevoegde waarde per hoofd in Oost-Azië was in Oost-Azië groter dan in Zuidoost-Azië (US$283,8) en in Zuid-Azië (US$204,7); maar minder dan in Zuidwest-Azië (US$1.908,3). De groei van de toegevoegde waarde in Oost-Azië was groter dan in Zuid-Azië (3,0%); maar minder dan in Zuidwest-Azië (7,6%) en in Zuidoost-Azië (7,0%).

Leiders. De toegevoegde waarde van Oost-Azië in de jaren 1970 bestond uit: Japan (71,7%), China (20,6%), Zuid-Korea (3,2%), Hongkong (1,4%), Noord-Korea (0,98%), en andere (2,1%). De toegevoegde waarde per hoofd in Oost-Azië onder de leiders: Japan ($4.897,5), Hongkong ($2.528,4), Zuid-Korea ($701,6), Noord-Korea ($524,0) en China ($171,0). De groei van de toegevoegde waarde onder de leiders: Zuid-Korea (9,0%), Hongkong (8,9%), Noord-Korea (7,6%), Japan (4,9%) en China (4,7%).

de jaren 1980

De toegevoegde waarde van Oost-Azië bedroeg in de jaren 1980 US$2,4 biljoen per jaar. Het aandeel in de wereld was 16,2%, en 70,1% in Azië.

De totale toegevoegde waarde van Oost-Azië bestond uit: industrie (32,8%), diensten (31,1%), handel (14,4%), transport (7,6%), constructie (7,1%) en landbouw (7,0%).

De toegevoegde waarde per hoofd in Oost-Azië was $1.854,0 in de jaren 1980s, en was vergelijkbaar met de Cookeilanden (US$1.815,8). De toegevoegde waarde per hoofd in Oost-Azië was 38,8% lager dan de toegevoegde waarde per hoofd van de bevolking in de wereld ($3.029,9), en was 55,6% hoger dan de toegevoegde waarde per hoofd van de bevolking in Azië ($3.029,9).

De groei van de toegevoegde waarde in Oost-Azië bedroeg 5.6% in de jaren 1980, en was vergelijkbaar met Cyprus (5,6%). De groei van de toegevoegde waarde in Oost-Azië (5,6%) was groter dan de groei van de toegevoegde waarde in de wereld (2,9%), was groter dan de groei van de toegevoegde waarde in Azië (4,3%).

Vergelijking met subregio's. De toegevoegde waarde van Oost-Azië was groter dan in Zuid-Azië (US$384,1 miljard), in Zuidwest-Azië (US$379,4 miljard) en in Zuidoost-Azië (US$249,0 miljard). De toegevoegde waarde per hoofd in Oost-Azië was in Oost-Azië groter dan in Zuidoost-Azië (US$628,1) en in Zuid-Azië (US$366,2); maar minder dan in Zuidwest-Azië (US$3,3 duizend). De groei van de toegevoegde waarde in Oost-Azië was groter dan in Zuidoost-Azië (5,2%), in Zuid-Azië (2,7%) en in Zuidwest-Azië (0,11%).

Leiders. De toegevoegde waarde van Oost-Azië in de jaren 1980 bestond uit: Japan (76,0%), China (13,9%), Zuid-Korea (4,6%), Hongkong (1,7%), Noord-Korea (0,54%), en andere (3,3%). De toegevoegde waarde per hoofd in Oost-Azië onder de leiders: Japan ($14.839,7), Hongkong ($7.517,0), Zuid-Korea ($2.706,5), Noord-Korea ($759,7) en China ($307,7). De groei van de toegevoegde waarde onder de leiders: China (9,4%), Zuid-Korea (8,4%), Hongkong (7,2%), Japan (4,2%) en Noord-Korea (2,8%).

de jaren 1990

De toegevoegde waarde van Oost-Azië bedroeg in de jaren 1990 US$5,8 biljoen per jaar. Het aandeel in de wereld was 21,3%, en 76,5% in Azië.

De totale toegevoegde waarde van Oost-Azië bestond uit: diensten (35,3%), industrie (29,0%), handel (15,6%), transport (8,2%), bouw

(7,5%) en landbouw (4,3%).

De toegevoegde waarde per hoofd in Oost-Azië was $3.998,1 in de jaren 1990s, en was vergelijkbaar met Chili (US$3,9 duizend), Centraal-Amerika (US$3,9 duizend). De toegevoegde waarde per hoofd in Oost-Azië was 16,7% lager dan de toegevoegde waarde per hoofd van de bevolking in de wereld ($4.799,9), en was 82,0% hoger dan de toegevoegde waarde per hoofd van de bevolking in Azië ($4.799,9).

De groei van de toegevoegde waarde in Oost-Azië bedroeg 4.4% in de jaren 1990, en was vergelijkbaar met Pakistan (4,4%), Belize (4,4%). De groei van de toegevoegde waarde in Oost-Azië (4,4%) was groter dan de groei van de toegevoegde waarde in de wereld (2,7%), was minder dan de groei van de toegevoegde waarde in Azië (4,6%).

Vergelijking met subregio's. De toegevoegde waarde van Oost-Azië was groter dan in Zuidwest-Azië (US$623,5 miljard), in Zuidoost-Azië (US$570,7 miljard), in Zuid-Azië (US$550,8 miljard) en in Centraal-Azië (US$45,9 miljard). De toegevoegde waarde per hoofd in Oost-Azië was in Oost-Azië groter dan in Zuidwest-Azië (US$3,8 duizend), in Zuidoost-Azië (US$1.185,5), in Centraal-Azië (US$870,8) en in Zuid-Azië (US$420,6). De groei van de toegevoegde waarde in Oost-Azië was groter dan in Zuidwest-Azië (4,3%) en in Centraal-Azië (-4,3%); maar minder dan in Zuidoost-Azië (5,1%) en in Zuid-Azië (4,9%).

Leiders. De toegevoegde waarde van Oost-Azië in de jaren 1990 bestond uit: Japan (74,1%), China (12,3%), Zuid-Korea (7,0%), Hongkong (2,2%), Noord-Korea (0,18%), en andere (4,3%). De toegevoegde waarde per hoofd in Oost-Azië onder de leiders: Japan ($34.190,7), Hongkong ($21.300,5), Zuid-Korea ($8.995,4), China ($581,3) en Noord-Korea ($491,2). De groei van de toegevoegde waarde onder de leiders: China (9,4%), Zuid-Korea (6,9%), Hongkong (4,2%), Japan (1,8%) en Noord-Korea (-3,5%).

de jaren 2000

De toegevoegde waarde van Oost-Azië bedroeg in de jaren 2000 US$8,6 biljoen per jaar. Het aandeel in de wereld was 19,3%, en 69,6% in Azië.

De totale toegevoegde waarde van Oost-Azië bestond uit: diensten (37,2%), industrie (29,7%), handel (14,4%), vervoer (8,5%), constructie (5,7%) en landbouw (4,5%).

De toegevoegde waarde per hoofd in Oost-Azië was $5.493,9 in de jaren 2000s, en was vergelijkbaar met Grenada (US$5,5 duizend), de Caraïben (US$5,5 duizend), Argentinië (US$5,4 duizend). De toegevoegde waarde per hoofd in Oost-Azië was 19,4% lager dan de toegevoegde waarde per hoofd van de bevolking in de wereld ($6.818,0), en was 76,6% hoger dan de toegevoegde waarde per hoofd van de bevolking in Azië ($6.818,0).

De groei van de toegevoegde waarde in Oost-Azië bedroeg 5.1% in de jaren 2000, en was vergelijkbaar met Singapore (5,1%), Jemen (5,2%). De groei van de toegevoegde waarde in Oost-Azië (5,1%) was groter dan de groei van de toegevoegde waarde in de wereld (2,9%), was groter dan de groei van de toegevoegde waarde in Azië (5,1%).

Vergelijking met subregio's. De toegevoegde waarde van Oost-Azië was groter dan in Zuidwest-Azië (US$1,4 biljoen), in Zuid-Azië (US$1,2 biljoen), in Zuidoost-Azië (US$1,0 biljoen) en in Centraal-Azië (US$97,7 miljard). De toegevoegde waarde per hoofd in Oost-Azië was in Oost-Azië groter dan in Zuidoost-Azië (US$1.807,0), in Centraal-Azië (US$1.675,9) en in Zuid-Azië (US$772,7); maar minder dan in Zuidwest-Azië (US$6,9 duizend). De groei van de toegevoegde waarde in Oost-Azië was groter dan in Zuidoost-Azië (4,9%) en in Zuidwest-Azië (4,2%); maar minder dan in Centraal-Azië (7,5%) en in Zuid-Azië (5,6%).

Leiders. De toegevoegde waarde van Oost-Azië in de jaren 2000 bestond uit: Japan (54,4%), China (30,3%), Zuid-Korea (8,9%), Hongkong (2,1%), Noord-Korea (0,14%), en andere (4,2%). De toegevoegde waarde per hoofd in Oost-Azië onder de leiders: Japan ($36.383,0), Hongkong ($26.531,7), Zuid-Korea ($15.683,0), China ($1.954,1) en Noord-Korea ($512,3). De groei van de toegevoegde waarde onder de leiders: China (10,2%), Zuid-Korea (4,8%), Hongkong (3,7%), Noord-Korea (1,3%) en Japan (0,27%).

de jaren 2010

De toegevoegde waarde van Oost-Azië bedroeg in de jaren 2010 US$17,9 biljoen per jaar, en was vergelijkbaar met de Verenigde Staten (US$18,0 biljoen). Het aandeel in de wereld was 24,2%, en 67,0% in Azië.

De totale toegevoegde waarde van Oost-Azië bestond uit: diensten (37,8%), industrie (30,7%), handel (13,3%), vervoer (6,5%), bouw (6,2%) en landbouw (5,5%).

De toegevoegde waarde per hoofd in Oost-Azië was $10.916,4 in de jaren 2010s, en was vergelijkbaar met Argentinië (US$10,9 duizend), Rusland (US$10,8 duizend), Nauru (US$11,1 duizend). De toegevoegde waarde per hoofd in Oost-Azië was 8,1% hoger dan de toegevoegde waarde per hoofd van de bevolking in de wereld ($10.094,6), en was 80,0% hoger dan de toegevoegde waarde per hoofd van de bevolking in Azië ($10.094,6).

De groei van de toegevoegde waarde in Oost-Azië bedroeg 5.4% in de jaren 2010. De groei van de toegevoegde waarde in Oost-Azië (5,4%) was groter dan de groei van de toegevoegde waarde in de wereld (3,1%), was groter dan de groei van de toegevoegde waarde in Azië (5,3%).

Vergelijking met subregio's. De toegevoegde waarde van Oost-Azië was 5,9 keer groter dan in Zuid-Azië (US$3,1 biljoen), 6,0 keer groter dan in Zuidwest-Azië (US$3,0 biljoen), 7,1 keer groter dan in Zuidoost-Azië (US$2,5 biljoen) en 63,8 keer groter dan in Centraal-Azië (US$280,7 miljard). De toegevoegde waarde per hoofd in Oost-Azië was in Oost-Azië2,6 keer groter dan in Centraal-Azië (US$4,1 duizend), 2,7 keer groter dan in Zuidoost-Azië (US$4,0 duizend) en 6,5 keer groter dan in Zuid-Azië (US$1.681,3); maar 7,4% minder dan in Zuidwest-Azië (US$11,8 duizend). De groei van de toegevoegde waarde in Oost-Azië was groter dan in Zuidoost-Azië (5,1%) en in Zuidwest-Azië (3,9%); maar minder dan in Zuid-Azië (5,8%) en in Centraal-Azië (5,5%).

Leiders. De toegevoegde waarde van Oost-Azië in de jaren 2010 bestond uit: China (58,7%), Japan (29,1%), Zuid-Korea (7,4%), Hongkong (1,6%), Macau (0,18%), en andere (3,1%). De toegevoegde waarde per hoofd in Oost-Azië onder de leiders: Macau ($53.775,2), Japan ($40.660,3), Hongkong ($40.629,1), Zuid-Korea ($26.226,9) en China ($7.491,3). De groei van de toegevoegde waarde onder de leiders: China (7,7%), Macau (5,1%), Zuid-Korea (3,3%), Hongkong (2,9%) en Japan (1,3%).

Hoofdstuk III. Bruto nationaal inkomen

Het bruto nationaal inkomen van Oost-Azië steeg van US$790,1 miljard per jaar in de jaren 1970 tot US$18,3 biljoen per jaar in de jaren 2010, dat wil zeggen met US$17,5 biljoen of 23,1 keer. De verandering vond plaats op US$12,2 biljoen als gevolg van een 3,0-voudige stijging van de prijzen, en ook op US$4,8 biljoen als gevolg van een 5,1-voudige toename van de productiviteit , evenals op US$392,5 miljard als gevolg van de toename van de bevolking. De gemiddelde jaarlijkse groei van het BNI is 5,2%. De minimumwaarde van het bruto nationaal inkomen bedroeg US$336,7 miljard in 1970. De maximumwaarde van het bruto nationaal inkomen bedroeg US$22,3 biljoen in 2019.

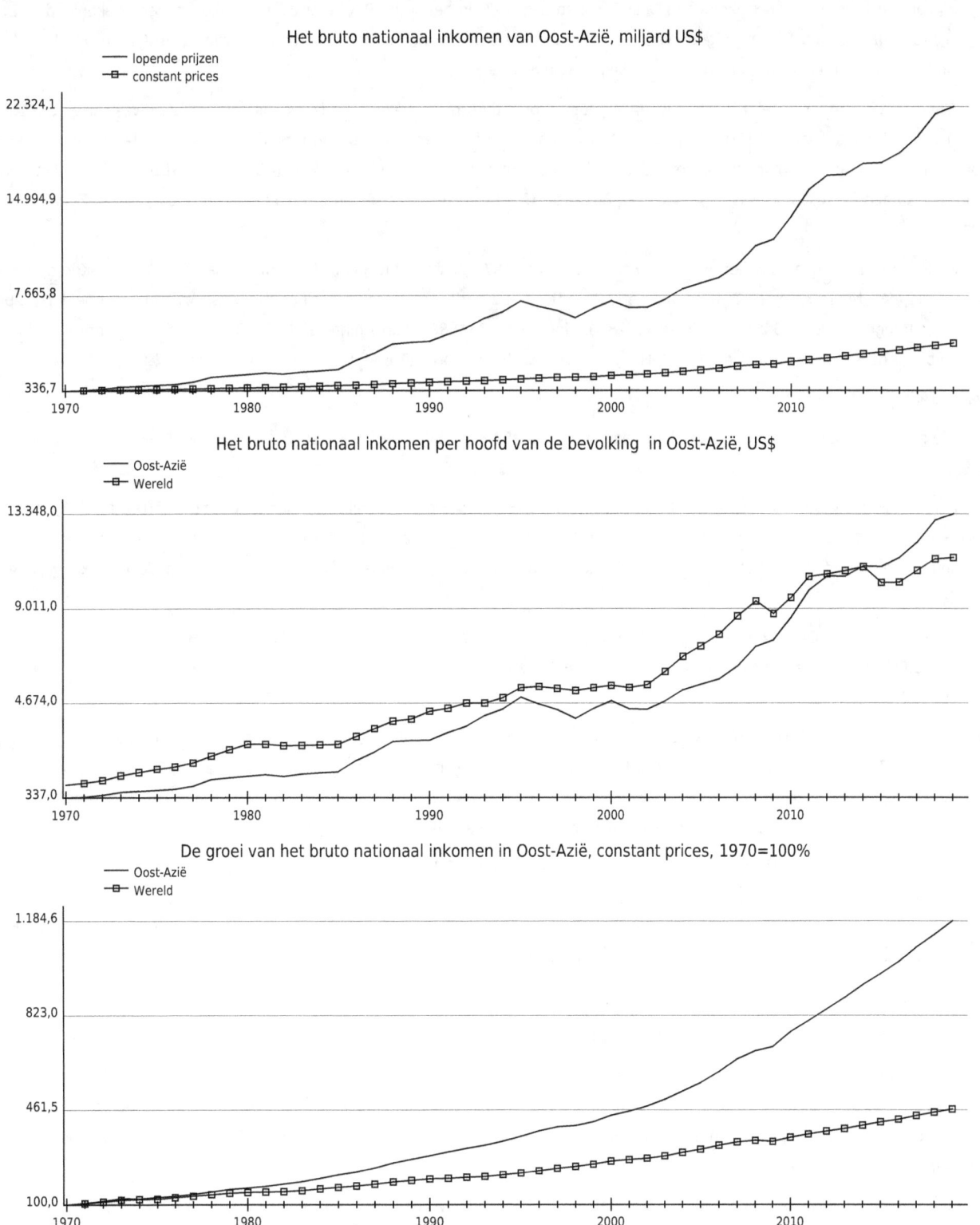

Het bruto nationaal inkomen van Oost-Azië, miljard US$

Het bruto nationaal inkomen per hoofd van de bevolking in Oost-Azië, US$

De groei van het bruto nationaal inkomen in Oost-Azië, constant prices, 1970=100%

de jaren 1970

Het BNI van Oost-Azië bedroeg in de jaren 1970 US$790,1 miljard per jaar, en was vergelijkbaar met Oost-Europa (US$772,0 miljard). Het aandeel in de wereld was 12,0%, en 64,3% in Azië.

Het bruto nationaal inkomen per hoofd in Oost-Azië was $721,0 in de jaren 1970s, en was vergelijkbaar met Jordanië (US$719,8), Zimbabwe (US$716,6), Mauritius (US$708,6). Het BNI per hoofd in Oost-Azië was in 2,3 keer lager dan het bruto nationaal inkomen per hoofd van de bevolking in de wereld ($1.624,3), en was 36,2% hoger dan het bruto nationaal inkomen per hoofd van de bevolking in Azië ($1.624,3).

De groei van het bruto nationaal inkomen in Oost-Azië bedroeg 5.2% in de jaren 1970, en was vergelijkbaar met Griekenland (5,2%), Hongarije (5,2%), Pakistan (5,2%). De groei van het BNI in Oost-Azië (5,2%) was groter dan de groei van het BNI in de wereld (4,1%), was minder dan de groei van het bruto nationaal inkomen in Azië (5,5%).

Vergelijking met subregio's. Het BNI van Oost-Azië was groter dan in Zuid-Azië (US$180,4 miljard), in Zuidwest-Azië (US$168,6 miljard) en in Zuidoost-Azië (US$90,0 miljard). Het bruto nationaal inkomen per hoofd in Oost-Azië was in Oost-Azië groter dan in Zuidoost-Azië (US$285,4) en in Zuid-Azië (US$218,5); maar minder dan in Zuidwest-Azië (US$1.996,8). De groei van het bruto nationaal inkomen in Oost-Azië was groter dan in Zuid-Azië (2,9%); maar minder dan in Zuidwest-Azië (8,0%) en in Zuidoost-Azië (7,1%).

Leiders. Het bruto nationaal inkomen van Oost-Azië in de jaren 1970 bestond uit: Japan (70,7%), China (21,2%), Zuid-Korea (3,4%), Hongkong (1,4%), Noord-Korea (1,1%), en andere (2,2%). Het bruto nationaal inkomen per hoofd in Oost-Azië onder de leiders: Japan ($5.015,3), Hongkong ($2.609,2), Zuid-Korea ($778,4), Noord-Korea ($588,8) en China ($183,6). De groei van het bruto nationaal inkomen onder de leiders: Zuid-Korea (10,3%), Hongkong (8,8%), Noord-Korea (7,6%), China (6,0%) en Japan (4,7%).

de jaren 1980

Het bruto nationaal inkomen van Oost-Azië bedroeg in de jaren 1980 US$2,4 biljoen per jaar. Het aandeel in de wereld was 16,1%, en 69,4% in Azië.

Het BNI per hoofd in Oost-Azië was $1.901,2 in de jaren 1980s, en was vergelijkbaar met Zuid-Amerika (US$1.917,1), Nigeria (US$1.918,7), Polen (US$1.863,9). Het BNI per hoofd in Oost-Azië was 39,0% lager dan het bruto nationaal inkomen per hoofd van de bevolking in de wereld ($3.117,1), en was 54,1% hoger dan het bruto nationaal inkomen per hoofd van de bevolking in Azië ($3.117,1).

De groei van het BNI in Oost-Azië bedroeg 5.6% in de jaren 1980, en was vergelijkbaar met Maleisië (5,6%). De groei van het BNI in Oost-Azië (5,6%) was groter dan de groei van het bruto nationaal inkomen in de wereld (3,0%), was groter dan de groei van het BNI in Azië (4,6%).

Vergelijking met subregio's. Het BNI van Oost-Azië was groter dan in Zuid-Azië (US$422,8 miljard), in Zuidwest-Azië (US$402,6 miljard) en in Zuidoost-Azië (US$245,7 miljard). Het bruto nationaal inkomen per hoofd in Oost-Azië was in Oost-Azië groter dan in Zuidoost-Azië (US$619,7) en in Zuid-Azië (US$403,0); maar minder dan in Zuidwest-Azië (US$3,5 duizend). De groei van het BNI in Oost-Azië was groter dan in Zuidoost-Azië (5,3%), in Zuid-Azië (3,3%) en in Zuidwest-Azië (0,94%).

Leiders. Het BNI van Oost-Azië in de jaren 1980 bestond uit: Japan (75,1%), China (14,3%), Zuid-Korea (4,9%), Hongkong (1,7%), Noord-Korea (0,59%), en andere (3,4%). Het bruto nationaal inkomen per hoofd in Oost-Azië onder de leiders: Japan ($15.042,8), Hongkong ($7.657,1), Zuid-Korea ($2.971,7), Noord-Korea ($854,7) en China ($324,1). De groei van het BNI onder de leiders: China (9,4%), Zuid-Korea (8,8%), Hongkong (7,2%), Japan (4,4%) en Noord-Korea (2,8%).

de jaren 1990

Het BNI van Oost-Azië bedroeg in de jaren 1990 US$5,9 biljoen per jaar. Het aandeel in de wereld was 20,9%, en 76,0% in Azië.

Het BNI per hoofd in Oost-Azië was $4.082,8 in de jaren 1990s, en was vergelijkbaar met Trinidad en Tobago (US$4,1 duizend), Zuidwest-Azië (US$4,1 duizend), Turkije (US$4,1 duizend). Het BNI per hoofd in Oost-Azië was 18,2% lager dan het bruto nationaal inkomen per hoofd van de bevolking in de wereld ($4.991,4), en was 80,9% hoger dan het bruto nationaal inkomen per hoofd van de bevolking in Azië ($4.991,4).

De groei van het BNI in Oost-Azië bedroeg 4.3% in de jaren 1990, en was vergelijkbaar met Bolivia (4,3%), Iran (4,3%), Bhutan (4,3%).

De groei van het BNI in Oost-Azië (4,3%) was groter dan de groei van het BNI in de wereld (2,8%), was minder dan de groei van het BNI in Azië (4,6%).

Vergelijking met subregio's. Het bruto nationaal inkomen van Oost-Azië was groter dan in Zuidwest-Azië (US$668,1 miljard), in Zuid-Azië (US$598,5 miljard), in Zuidoost-Azië (US$562,2 miljard) en in Centraal-Azië (US$47,2 miljard). Het bruto nationaal inkomen per hoofd in Oost-Azië was in Oost-Azië groter dan in Zuidwest-Azië (US$4,1 duizend), in Zuidoost-Azië (US$1.167,8), in Centraal-Azië (US$894,8) en in Zuid-Azië (US$457,0). De groei van het BNI in Oost-Azië was groter dan in Zuidwest-Azië (4,3%) en in Centraal-Azië (-4,3%); maar minder dan in Zuidoost-Azië (5,3%) en in Zuid-Azië (5,1%).

Leiders. Het BNI van Oost-Azië in de jaren 1990 bestond uit: Japan (73,5%), China (12,1%), Zuid-Korea (7,5%), Hongkong (2,3%), Noord-Korea (0,19%), en andere (4,4%). Het BNI per hoofd in Oost-Azië onder de leiders: Japan ($34.665,3), Hongkong ($22.051,9), Zuid-Korea ($9.846,6), China ($584,9) en Noord-Korea ($525,8). De groei van het bruto nationaal inkomen onder de leiders: China (9,3%), Zuid-Korea (7,1%), Hongkong (4,0%), Japan (1,5%) en Noord-Korea (-4,3%).

de jaren 2000

Het BNI van Oost-Azië bedroeg in de jaren 2000 US$8,8 biljoen per jaar. Het aandeel in de wereld was 18,8%, en 69,3% in Azië.

Het BNI per hoofd in Oost-Azië was $5.624,2 in de jaren 2000s, en was vergelijkbaar met Mauritius (US$5,7 duizend). Het BNI per hoofd in Oost-Azië was 21,5% lager dan het bruto nationaal inkomen per hoofd van de bevolking in de wereld ($7.165,2), en was 75,8% hoger dan het bruto nationaal inkomen per hoofd van de bevolking in Azië ($7.165,2).

De groei van het bruto nationaal inkomen in Oost-Azië bedroeg 5.4% in de jaren 2000, en was vergelijkbaar met Libië (5,4%), Ghana (5,4%), Jemen (5,4%). De groei van het bruto nationaal inkomen in Oost-Azië (5,4%) was groter dan de groei van het BNI in de wereld (3,0%), was groter dan de groei van het bruto nationaal inkomen in Azië (5,3%).

Vergelijking met subregio's. Het bruto nationaal inkomen van Oost-Azië was groter dan in Zuidwest-Azië (US$1,5 biljoen), in Zuid-Azië (US$1,3 biljoen), in Zuidoost-Azië (US$1,0 biljoen) en in Centraal-Azië (US$95,7 miljard). Het bruto nationaal inkomen per hoofd in Oost-Azië was in Oost-Azië groter dan in Zuidoost-Azië (US$1.795,5), in Centraal-Azië (US$1.642,1) en in Zuid-Azië (US$823,6); maar minder dan in Zuidwest-Azië (US$7,3 duizend). De groei van het bruto nationaal inkomen in Oost-Azië was groter dan in Zuidoost-Azië (5,2%) en in Zuidwest-Azië (4,2%); maar minder dan in Centraal-Azië (7,1%) en in Zuid-Azië (5,7%).

Leiders. Het bruto nationaal inkomen van Oost-Azië in de jaren 2000 bestond uit: Japan (54,3%), China (29,5%), Zuid-Korea (9,5%), Hongkong (2,2%), Noord-Korea (0,14%), en andere (4,4%). Het bruto nationaal inkomen per hoofd in Oost-Azië onder de leiders: Japan ($37.144,2), Hongkong ($28.135,5), Zuid-Korea ($17.261,1), China ($1.950,5) en Noord-Korea ($511,5). De groei van het BNI onder de leiders: China (10,4%), Zuid-Korea (5,0%), Hongkong (4,3%), Noord-Korea (1,3%) en Japan (0,62%).

de jaren 2010

Het BNI van Oost-Azië bedroeg in de jaren 2010 US$18,3 biljoen per jaar, en was vergelijkbaar met de Verenigde Staten (US$18,3 biljoen). Het aandeel in de wereld was 23,4%, en 66,5% in Azië.

Het bruto nationaal inkomen per hoofd in Oost-Azië was $11.127,9 in de jaren 2010s, en was vergelijkbaar met Equatoriaal-Guinea (US$10,9 duizend). Het bruto nationaal inkomen per hoofd in Oost-Azië was 4,9% hoger dan het bruto nationaal inkomen per hoofd van de bevolking in de wereld ($10.611,7), en was 78,7% hoger dan het bruto nationaal inkomen per hoofd van de bevolking in Azië ($10.611,7).

De groei van het BNI in Oost-Azië bedroeg 5.3% in de jaren 2010, en was vergelijkbaar met Bhutan (5,3%), Malta (5,3%). De groei van het bruto nationaal inkomen in Oost-Azië (5,3%) was groter dan de groei van het BNI in de wereld (3,1%), was groter dan de groei van het BNI in Azië (5,2%).

Vergelijking met subregio's. Het BNI van Oost-Azië was 5,6 keer groter dan in Zuid-Azië (US$3,3 biljoen), 5,9 keer groter dan in Zuidwest-Azië (US$3,1 biljoen), 7,2 keer groter dan in Zuidoost-Azië (US$2,5 biljoen) en 65,0 keer groter dan in Centraal-Azië (US$280,7 miljard). Het bruto nationaal inkomen per hoofd in Oost-Azië was in Oost-Azië2,7 keer groter dan in Centraal-Azië (US$4,1 duizend), 2,8 keer groter dan in Zuidoost-Azië (US$4,0 duizend) en 6,2 keer groter dan in Zuid-Azië (US$1.802,0); maar 9,1% minder dan in Zuidwest-Azië (US$12,2 duizend). De groei van het BNI in Oost-Azië was groter dan in Zuidoost-Azië (5,2%) en in Zuidwest-Azië (3,9%); maar minder dan in Zuid-Azië (5,5%) en in Centraal-Azië (5,4%).

Leiders. Het BNI van Oost-Azië in de jaren 2010 bestond uit: China (57,4%), Japan (29,6%), Zuid-Korea (8,0%), Hongkong (1,7%), Macau

(0,23%), en andere (3,2%). Het BNI per hoofd in Oost-Azië onder de leiders: Macau ($69.811,2), Hongkong ($43.144,3), Japan ($42.204,7), Zuid-Korea ($28.812,0) en China ($7.463,8). De groei van het bruto nationaal inkomen onder de leiders: China (7,7%), Macau (4,7%), Zuid-Korea (3,4%), Hongkong (3,1%) en Japan (1,4%).

Part II. Structuur

	de jaren 2010
landbouw	5,5%
industrie	30,7%
constructie	6,2%
handel	13,3%
vervoer	6,5%
diensten	37,8%

Hoofdstuk IV. Landbouw

Landbouw, jacht, bosbouw, vissen (ISIC A-B)

De waarde van de landbouw in Oost-Azië steeg van US$85,3 miljard per jaar in de jaren 1970 tot US$988,8 miljard per jaar in de jaren 2010, dat wil zeggen met US$903,6 miljard of 11,6 keer. De verandering vond plaats op US$673,4 miljard als gevolg van een 3,1-voudige stijging van de prijzen, en ook op US$187,7 miljard als gevolg van een 2,5-voudige toename van de productiviteit , evenals op US$42,4 miljard als gevolg van de toename van de bevolking. De gemiddelde jaarlijkse groei van de landbouw is 3,2%. De minimumwaarde van de landbouw bedroeg US$49,1 miljard in 1970. De maximumwaarde van de landbouw bedroeg US$1,2 biljoen in 2019.

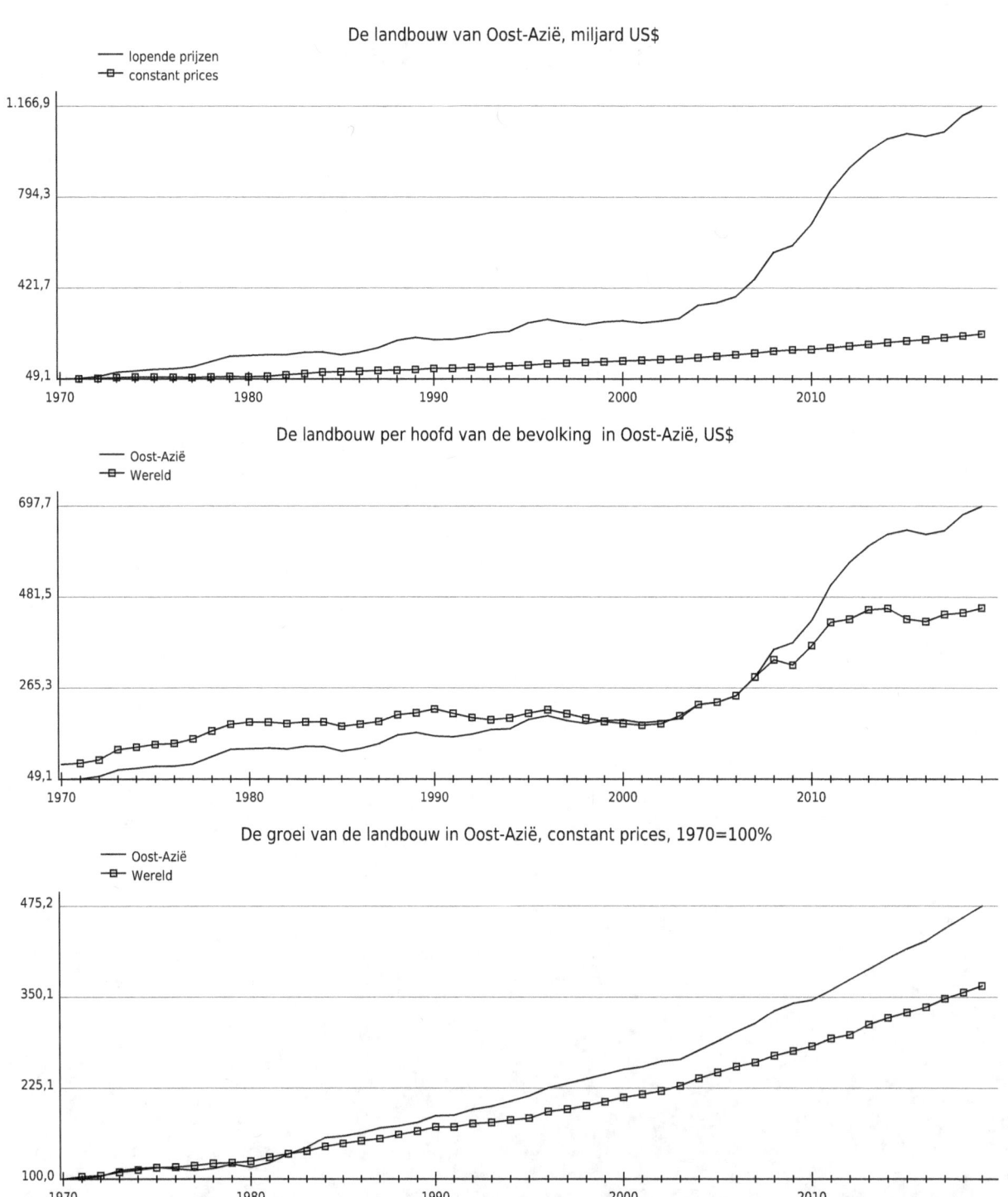

De landbouw van Oost-Azië, miljard US$

De landbouw per hoofd van de bevolking in Oost-Azië, US$

De groei van de landbouw in Oost-Azië, constant prices, 1970=100%

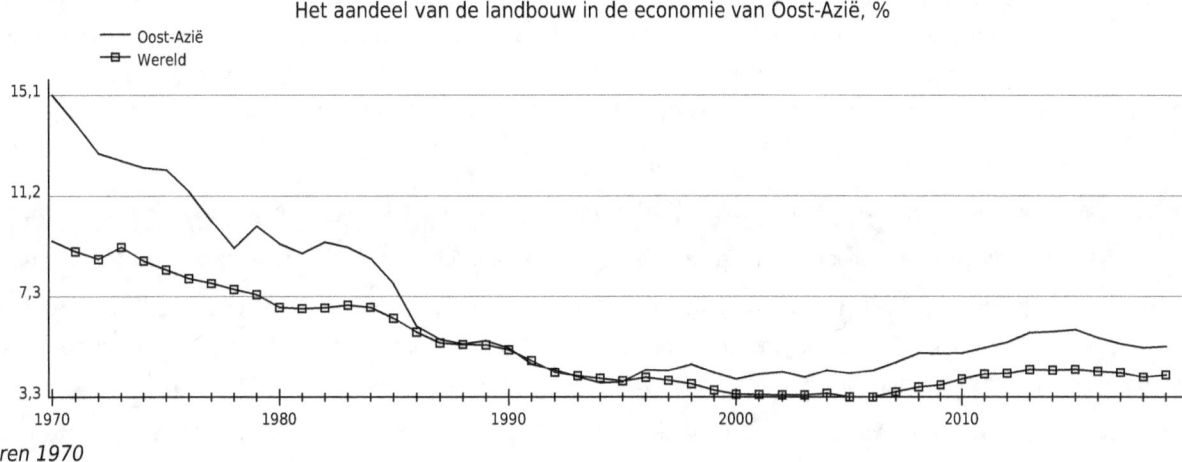

Het aandeel van de landbouw in de economie van Oost-Azië, %

de jaren 1970

De toegevoegde waarde van de landbouw in Oost-Azië bedroeg in de jaren 1970 US$85,3 miljard per jaar. Het aandeel in de wereld was 16,5%, en 47,9% in Azië.

Het aandeel van de landbouw in de economie van Oost-Azië was 11,2% in de jaren 1970, en was vergelijkbaar met Saint Kitts en Nevis (11,1%).

De landbouw per hoofd in Oost-Azië was $77,8 in de jaren 1970s, en was vergelijkbaar met Oman (US$77,5), de Maldiven (US$78,6), Pakistan (US$78,8). De sector van de landbouw per hoofd in Oost-Azië was 39,0% lager dan de landbouw per hoofd van de bevolking in de wereld ($127,6), en was 1,4% hoger dan de landbouw per hoofd van de bevolking in Azië ($127,6).

De groei van de landbouw in Oost-Azië bedroeg 2.1% in de jaren 1970. De groei van de landbouw in Oost-Azië (2,1%) was minder dan de groei van de landbouw in de wereld (2,2%), was groter dan de groei van de landbouw in Azië (2,0%).

Vergelijking met subregio's. De toegevoegde waarde van de landbouw in Oost-Azië was groter dan in Zuid-Azië (US$51,3 miljard), in Zuidoost-Azië (US$24,0 miljard) en in Zuidwest-Azië (US$17,5 miljard). De waarde van de landbouw per hoofd in Oost-Azië was in Oost-Azië groter dan in Zuidoost-Azië (US$76,1) en in Zuid-Azië (US$62,2); maar minder dan in Zuidwest-Azië (US$207,7). De groei van de landbouw in Oost-Azië was groter dan in Zuid-Azië (0,78%); maar minder dan in Zuidoost-Azië (4,0%) en in Zuidwest-Azië (2,3%).

Leiders. De landbouw van Oost-Azië in de jaren 1970 bestond uit: China (58,1%), Japan (30,2%), Zuid-Korea (7,0%), Noord-Korea (2,5%), Hongkong (0,11%), en andere (2,2%). Het aandeel van de landbouw in economie van de leiders: China (31,7%), Noord-Korea (28,3%), Zuid-Korea (24,2%), Japan (4,7%) en Hongkong (0,89%). De sector van de landbouw per hoofd in Oost-Azië onder de leiders: Japan ($231,3), Zuid-Korea ($170,0), Noord-Korea ($148,1), China ($54,2) en Hongkong ($22,5). De groei van de landbouw onder de leiders: Hongkong (8,6%), Noord-Korea (7,6%), Zuid-Korea (4,3%), China (2,4%) en Japan (0,52%).

de jaren 1980

De landbouw van Oost-Azië bedroeg in de jaren 1980 US$166,2 miljard per jaar. Het aandeel in de wereld was 18,4%, en 47,7% in Azië.

Het aandeel van de landbouw in de economie van Oost-Azië was 7,0% in de jaren 1980.

De sector van de landbouw per hoofd in Oost-Azië was $130,1 in de jaren 1980s, en was vergelijkbaar met Angola (US$129,5), Congo (US$129,4), Zimbabwe (US$129,4). De landbouw per hoofd in Oost-Azië was 30,3% lager dan de landbouw per hoofd van de bevolking in de wereld ($186,6), en was 6,0% hoger dan de landbouw per hoofd van de bevolking in Azië ($186,6).

De groei van de landbouw in Oost-Azië bedroeg 4% in de jaren 1980. De groei van de landbouw in Oost-Azië (4,0%) was groter dan de groei van de landbouw in de wereld (3,1%), was groter dan de groei van de landbouw in Azië (3,8%).

Vergelijking met subregio's. De landbouw van Oost-Azië was groter dan in Zuid-Azië (US$106,6 miljard), in Zuidoost-Azië (US$47,8 miljard) en in Zuidwest-Azië (US$27,7 miljard). De waarde van de landbouw per hoofd in Oost-Azië was in Oost-Azië groter dan in Zuidoost-Azië (US$120,5) en in Zuid-Azië (US$101,6); maar minder dan in Zuidwest-Azië (US$243,6). De groei van de landbouw in Oost-Azië was groter dan in Zuid-Azië (3,9%), in Zuidoost-Azië (3,6%) en in Zuidwest-Azië (2,2%).

Leiders. De sector van de landbouw in Oost-Azië in de jaren 1980 bestond uit: China (57,1%), Japan (29,9%), Zuid-Korea (7,9%),

Noord-Korea (2,2%), Hongkong (0,13%), en andere (2,8%). Het aandeel van de landbouw in economie van de leiders: China (28,8%), Noord-Korea (28,3%), Zuid-Korea (12,0%), Japan (2,8%) en Hongkong (0,56%). De toegevoegde waarde van de landbouw per hoofd in Oost-Azië onder de leiders: Japan ($410,0), Zuid-Korea ($324,8), Noord-Korea ($214,8), China ($88,5) en Hongkong ($42,3). De groei van de landbouw onder de leiders: China (5,3%), Noord-Korea (2,8%), Zuid-Korea (2,6%), Japan (0,41%) en Hongkong (-3,1%).

de jaren 1990

De landbouw van Oost-Azië bedroeg in de jaren 1990 US$253,2 miljard per jaar. Het aandeel in de wereld was 22,2%, en 48,2% in Azië.

Het aandeel van de landbouw in de economie van Oost-Azië was 4,3% in de jaren 1990, en was vergelijkbaar met Zuid-Europa (4,3%).

De waarde van de landbouw per hoofd in Oost-Azië was $173,9 in de jaren 1990s, en was vergelijkbaar met Bhutan (US$174,1), Kiribati (US$174,5), Oman (US$175,2). De landbouw per hoofd in Oost-Azië was 13,0% lager dan de landbouw per hoofd van de bevolking in de wereld ($199,8), en was 14,7% hoger dan de landbouw per hoofd van de bevolking in Azië ($199,8).

De groei van de landbouw in Oost-Azië bedroeg 3.2% in de jaren 1990, en was vergelijkbaar met Egypte (3,2%). De groei van de landbouw in Oost-Azië (3,2%) was groter dan de groei van de landbouw in de wereld (2,2%), was groter dan de groei van de landbouw in Azië (3,2%).

Vergelijking met subregio's. De toegevoegde waarde van de landbouw in Oost-Azië was groter dan in Zuid-Azië (US$136,3 miljard), in Zuidoost-Azië (US$73,5 miljard), in Zuidwest-Azië (US$49,6 miljard) en in Centraal-Azië (US$12,7 miljard). De waarde van de landbouw per hoofd in Oost-Azië was in Oost-Azië groter dan in Zuidoost-Azië (US$152,6) en in Zuid-Azië (US$104,1); maar minder dan in Zuidwest-Azië (US$301,5) en in Centraal-Azië (US$241,3). De groei van de landbouw in Oost-Azië was groter dan in Zuidwest-Azië (3,0%), in Zuid-Azië (2,9%), in Zuidoost-Azië (2,4%) en in Centraal-Azië (-3,4%).

Leiders. De toegevoegde waarde van de landbouw in Oost-Azië in de jaren 1990 bestond uit: China (54,9%), Japan (31,1%), Zuid-Korea (9,5%), Noord-Korea (1,2%), Mongolië (0,12%), en andere (3,1%). Het aandeel van de landbouw in economie van de leiders: Noord-Korea (28,7%), Mongolië (23,1%), China (19,4%), Zuid-Korea (5,9%) en Japan (1,8%). De sector van de landbouw per hoofd in Oost-Azië onder de leiders: Japan ($625,5), Zuid-Korea ($534,0), Noord-Korea ($141,2), Mongolië ($134,5) en China ($112,7). De groei van de landbouw onder de leiders: China (4,3%), Zuid-Korea (1,4%), Mongolië (1,0%), Japan (-1,8%) en Noord-Korea (-1,9%).

de jaren 2000

De waarde van de landbouw in Oost-Azië bedroeg in de jaren 2000 US$387,3 miljard per jaar. Het aandeel in de wereld was 24,8%, en 48,4% in Azië.

Het aandeel van de landbouw in de economie van Oost-Azië was 4,5% in de jaren 2000, en was vergelijkbaar met Libanon (4,6%), de Cookeilanden (4,5%), Venezuela (4,5%).

De toegevoegde waarde van de landbouw per hoofd in Oost-Azië was $248,4 in de jaren 2000s, en was vergelijkbaar met Papoea-Nieuw-Guinea (US$248,4), Noord-Afrika (US$247,1), Guatemala (US$246,8). De landbouw per hoofd in Oost-Azië was 3,4% hoger dan de landbouw per hoofd van de bevolking in de wereld ($240,3), en was 22,7% hoger dan de landbouw per hoofd van de bevolking in Azië ($240,3).

De groei van de landbouw in Oost-Azië bedroeg 3.4% in de jaren 2000, en was vergelijkbaar met Ecuador (3,5%). De groei van de landbouw in Oost-Azië (3,4%) was groter dan de groei van de landbouw in de wereld (3,0%), was groter dan de groei van de landbouw in Azië (3,1%).

Vergelijking met subregio's. De landbouw van Oost-Azië was groter dan in Zuid-Azië (US$211,6 miljard), in Zuidoost-Azië (US$113,0 miljard), in Zuidwest-Azië (US$73,1 miljard) en in Centraal-Azië (US$15,3 miljard). De toegevoegde waarde van de landbouw per hoofd in Oost-Azië was in Oost-Azië groter dan in Zuidoost-Azië (US$202,7) en in Zuid-Azië (US$134,4); maar minder dan in Zuidwest-Azië (US$358,2) en in Centraal-Azië (US$262,0). De groei van de landbouw in Oost-Azië was groter dan in Zuid-Azië (2,3%) en in Zuidwest-Azië (1,8%); maar minder dan in Centraal-Azië (4,8%) en in Zuidoost-Azië (3,6%).

Leiders. De landbouw van Oost-Azië in de jaren 2000 bestond uit: China (76,9%), Japan (14,7%), Zuid-Korea (5,9%), Noord-Korea (0,79%), Mongolië (0,13%), en andere (1,6%). Het aandeel van de landbouw in economie van de leiders: Noord-Korea (25,4%), Mongolië (17,4%), China (11,5%), Zuid-Korea (3,0%) en Japan (1,2%). De landbouw per hoofd in Oost-Azië onder de leiders: Zuid-Korea ($468,7), Japan ($445,6), China ($224,5), Mongolië ($201,8) en Noord-Korea ($130,0). De groei van de landbouw onder de leiders: China (4,0%), Zuid-Korea (1,7%), Noord-Korea (1,2%), Mongolië (0,76%) en Japan (-1,3%).

de jaren 2010

De landbouw van Oost-Azië bedroeg in de jaren 2010 US$988,8 miljard per jaar. Het aandeel in de wereld was 31,2%, en 51,4% in Azië.

Het aandeel van de landbouw in de economie van Oost-Azië was 5,5% in de jaren 2010, en was vergelijkbaar met Congo (5,5%), Venezuela (5,6%), Costa Rica (5,6%).

De toegevoegde waarde van de landbouw per hoofd in Oost-Azië was $602,9 in de jaren 2010s, en was vergelijkbaar met Thailand (US$595,0), Turkmenistan (US$594,4), Paraguay (US$612,0). De landbouw per hoofd in Oost-Azië was 39,5% hoger dan de landbouw per hoofd van de bevolking in de wereld ($432,1), en was 38,1% hoger dan de landbouw per hoofd van de bevolking in Azië ($432,1).

De groei van de landbouw in Oost-Azië bedroeg 3.3% in de jaren 2010, en was vergelijkbaar met Turkije (3,3%), Zimbabwe (3,4%), Malawi (3,4%). De groei van de landbouw in Oost-Azië (3,3%) was groter dan de groei van de landbouw in de wereld (2,9%), was groter dan de groei van de landbouw in Azië (3,3%).

Vergelijking met subregio's. De sector van de landbouw in Oost-Azië was 93,9% groter dan in Zuid-Azië (US$510,0 miljard), 3,5 keer groter dan in Zuidoost-Azië (US$279,2 miljard), 8,7 keer groter dan in Zuidwest-Azië (US$113,7 miljard) en 29,6 keer groter dan in Centraal-Azië (US$33,5 miljard). De waarde van de landbouw per hoofd in Oost-Azië was in Oost-Azië22,4% groter dan in Centraal-Azië (US$492,5), 34,9% groter dan in Zuidwest-Azië (US$446,9), 36,0% groter dan in Zuidoost-Azië (US$443,1) en 2,1 keer groter dan in Zuid-Azië (US$280,8). De groei van de landbouw in Oost-Azië was groter dan in Zuidoost-Azië (2,6%) en in Zuidwest-Azië (2,2%); maar minder dan in Centraal-Azië (4,2%) en in Zuid-Azië (3,8%).

Leiders. De landbouw van Oost-Azië in de jaren 2010 bestond uit: China (89,6%), Japan (6,0%), Zuid-Korea (2,9%), Noord-Korea (0,37%), Mongolië (0,14%). Het aandeel van de landbouw in economie van de leiders: Noord-Korea (22,2%), Mongolië (13,1%), China (8,4%), Zuid-Korea (2,1%) en Japan (1,1%). De toegevoegde waarde van de landbouw per hoofd in Oost-Azië onder de leiders: China ($631,9), Zuid-Korea ($560,9), Japan ($466,2), Mongolië ($458,2) en Noord-Korea ($145,8). De groei van de landbouw onder de leiders: Mongolië (6,3%), China (3,8%), Noord-Korea (0,99%), Zuid-Korea (0,25%) en Japan (-1,9%).

Hoofdstuk V. Industrie

Mijnbouw, productie, nutsbedrijven (ISIC C-E)

De sector van de industrie in Oost-Azië steeg van US$267,6 miljard per jaar in de jaren 1970 tot US$5,5 biljoen per jaar in de jaren 2010, dat wil zeggen met US$5,2 biljoen of 20,5 keer. De verandering vond plaats op US$2,7 biljoen als gevolg van een 2,0-voudige stijging van de prijzen, en ook op US$2,4 biljoen als gevolg van een 6,9-voudige toename van de productiviteit , evenals op US$133,0 miljard als gevolg van de toename van de bevolking. De gemiddelde jaarlijkse groei van de industrie is 5,9%. De minimumwaarde van de industrie bedroeg US$121,3 miljard in 1970. De maximumwaarde van de industrie bedroeg US$6,4 biljoen in 2019.

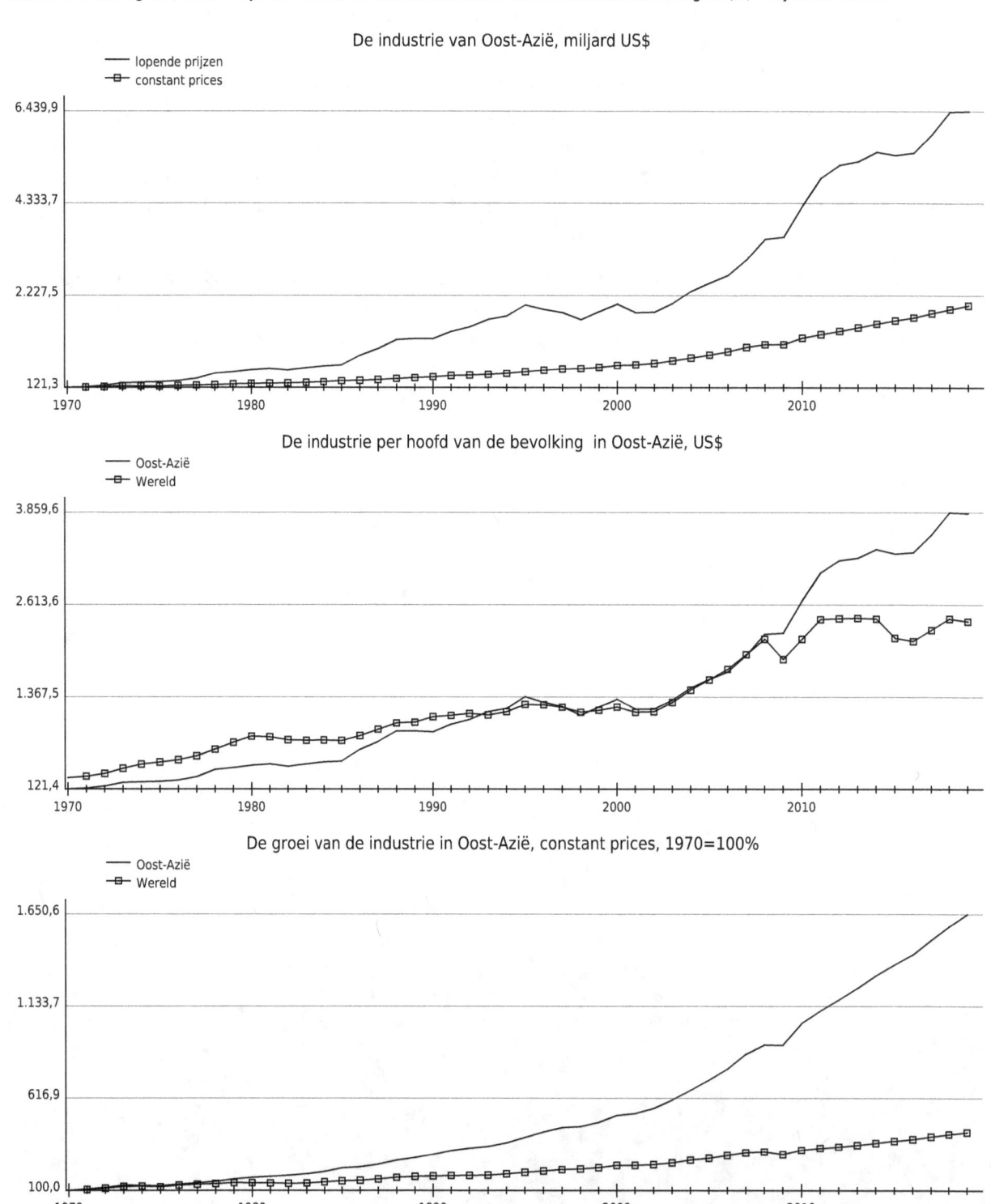

De industrie van Oost-Azië, miljard US$

De industrie per hoofd van de bevolking in Oost-Azië, US$

De groei van de industrie in Oost-Azië, constant prices, 1970=100%

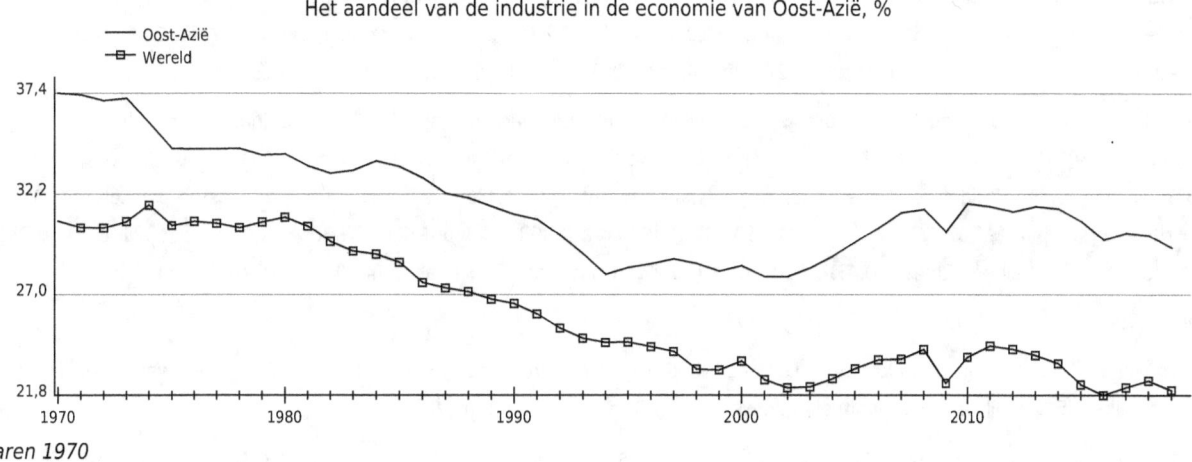

Het aandeel van de industrie in de economie van Oost-Azië, %

— Oost-Azië
-□- Wereld

de jaren 1970

De industrie van Oost-Azië bedroeg in de jaren 1970 US$267,6 miljard per jaar. Het aandeel in de wereld was 13,8%, en 66,3% in Azië.

Het aandeel van de industrie in de economie van Oost-Azië was 35,2% in de jaren 1970, en was vergelijkbaar met Angola (35,1%), Noord-Afrika (35,0%), Puerto Rico (34,9%).

De toegevoegde waarde van de industrie per hoofd in Oost-Azië was $244,2 in de jaren 1970s, en was vergelijkbaar met Ecuador (US$241,2), de Turks- en Caicoseilanden (US$249,9), West-Afrika (US$250,3). De waarde van de industrie per hoofd in Oost-Azië was 49,2% lager dan de industrie per hoofd van de bevolking in de wereld ($480,5), en was 40,4% hoger dan de industrie per hoofd van de bevolking in Azië ($480,5).

De groei van de industrie in Oost-Azië bedroeg 5.6% in de jaren 1970, en was vergelijkbaar met Ierland (5,6%). De groei van de industrie in Oost-Azië (5,6%) was groter dan de groei van de industrie in de wereld (4,0%), was minder dan de groei van de industrie in Azië (5,7%).

Vergelijking met subregio's. De industrie van Oost-Azië was groter dan in Zuidwest-Azië (US$68,4 miljard), in Zuid-Azië (US$43,5 miljard) en in Zuidoost-Azië (US$24,3 miljard). De toegevoegde waarde van de industrie per hoofd in Oost-Azië was in Oost-Azië groter dan in Zuidoost-Azië (US$77,2) en in Zuid-Azië (US$52,7); maar minder dan in Zuidwest-Azië (US$809,8). De groei van de industrie in Oost-Azië was groter dan in Zuid-Azië (-0,14%); maar minder dan in Zuidoost-Azië (8,7%) en in Zuidwest-Azië (8,0%).

Leiders. De toegevoegde waarde van de industrie in Oost-Azië in de jaren 1970 bestond uit: Japan (69,3%), China (24,0%), Zuid-Korea (2,4%), Noord-Korea (1,1%), Hongkong (0,85%), en andere (2,3%). Het aandeel van de industrie in economie van de leiders: China (41,1%), Noord-Korea (40,3%), Japan (34,0%), Zuid-Korea (25,9%) en Hongkong (21,3%). De industrie per hoofd in Oost-Azië onder de leiders: Japan ($1.666,5), Hongkong ($538,1), Noord-Korea ($211,4), Zuid-Korea ($181,7) en China ($70,3). De groei van de industrie onder de leiders: Zuid-Korea (15,2%), China (8,9%), Hongkong (8,7%), Noord-Korea (7,6%) en Japan (4,5%).

de jaren 1980

De sector van de industrie in Oost-Azië bedroeg in de jaren 1980 US$776,4 miljard per jaar. Het aandeel in de wereld was 18,6%, en 71,9% in Azië.

Het aandeel van de industrie in de economie van Oost-Azië was 32,8% in de jaren 1980, en was vergelijkbaar met Zuid-Amerika (32,8%), Duitsland (32,8%).

De waarde van de industrie per hoofd in Oost-Azië was $607,7 in de jaren 1980s, en was vergelijkbaar met Namibië (US$609,3), Uruguay (US$616,5), de Caraïben (US$618,5). De toegevoegde waarde van de industrie per hoofd in Oost-Azië was 29,5% lager dan de industrie per hoofd van de bevolking in de wereld ($861,8), en was 59,6% hoger dan de industrie per hoofd van de bevolking in Azië ($861,8).

De groei van de industrie in Oost-Azië bedroeg 5.7% in de jaren 1980, en was vergelijkbaar met Frans-Polynesië (5,7%). De groei van de industrie in Oost-Azië (5,7%) was groter dan de groei van de industrie in de wereld (2,3%), was groter dan de groei van de industrie in Azië (3,5%).

Vergelijking met subregio's. De sector van de industrie in Oost-Azië was groter dan in Zuidwest-Azië (US$142,0 miljard), in Zuid-Azië

(US$85,8 miljard) en in Zuidoost-Azië (US$75,8 miljard). De toegevoegde waarde van de industrie per hoofd in Oost-Azië was in Oost-Azië groter dan in Zuidoost-Azië (US$191,1) en in Zuid-Azië (US$81,8); maar minder dan in Zuidwest-Azië (US$1.249,8). De groei van de industrie in Oost-Azië was groter dan in Zuidoost-Azië (4,8%), in Zuid-Azië (3,0%) en in Zuidwest-Azië (-1,9%).

Leiders. De sector van de industrie in Oost-Azië in de jaren 1980 bestond uit: Japan (73,0%), China (16,8%), Zuid-Korea (4,5%), Hongkong (1,1%), Noord-Korea (0,67%), en andere (4,0%). Het aandeel van de industrie in economie van de leiders: Noord-Korea (40,3%), China (39,5%), Zuid-Korea (31,9%), Japan (31,5%) en Hongkong (21,1%). De waarde van de industrie per hoofd in Oost-Azië onder de leiders: Japan ($4.670,2), Hongkong ($1.587,0), Zuid-Korea ($863,0), Noord-Korea ($306,5) en China ($121,4). De groei van de industrie onder de leiders: China (10,4%), Zuid-Korea (10,2%), Hongkong (6,4%), Japan (4,2%) en Noord-Korea (2,8%).

de jaren 1990

De toegevoegde waarde van de industrie in Oost-Azië bedroeg in de jaren 1990 US$1,7 biljoen per jaar, en was vergelijkbaar met Noord-Amerika (US$1,6 biljoen). Het aandeel in de wereld was 25,2%, en 76,2% in Azië.

Het aandeel van de industrie in de economie van Oost-Azië was 29,0% in de jaren 1990, en was vergelijkbaar met Azië (29,1%), de Filipijnen (29,2%), Noorwegen (29,3%).

De sector van de industrie per hoofd in Oost-Azië was $1.159,5 in de jaren 1990s, en was vergelijkbaar met de Turks- en Caicoseilanden (US$1.144,6), de Wereld (US$1.175,6). De toegevoegde waarde van de industrie per hoofd in Oost-Azië was 1,4% lager dan de industrie per hoofd van de bevolking in de wereld ($1.175,6), en was 81,3% hoger dan de industrie per hoofd van de bevolking in Azië ($1.175,6).

De groei van de industrie in Oost-Azië bedroeg 5.4% in de jaren 1990, en was vergelijkbaar met Melanesië (5,4%), Azië (5,5%). De groei van de industrie in Oost-Azië (5,4%) was groter dan de groei van de industrie in de wereld (2,5%), was minder dan de groei van de industrie in Azië (5,5%).

Vergelijking met subregio's. De industrie van Oost-Azië was groter dan in Zuidwest-Azië (US$207,7 miljard), in Zuidoost-Azië (US$176,1 miljard), in Zuid-Azië (US$133,4 miljard) en in Centraal-Azië (US$10,6 miljard). De toegevoegde waarde van de industrie per hoofd in Oost-Azië was in Oost-Azië groter dan in Zuidoost-Azië (US$365,8), in Centraal-Azië (US$200,3) en in Zuid-Azië (US$101,9); maar minder dan in Zuidwest-Azië (US$1.262,7). De groei van de industrie in Oost-Azië was groter dan in Zuid-Azië (5,0%), in Zuidwest-Azië (4,6%) en in Centraal-Azië (-3,5%); maar minder dan in Zuidoost-Azië (6,3%).

Leiders. De industrie van Oost-Azië in de jaren 1990 bestond uit: Japan (70,2%), China (16,9%), Zuid-Korea (7,3%), Hongkong (0,77%), Noord-Korea (0,23%), en andere (4,6%). Het aandeel van de industrie in economie van de leiders: China (39,9%), Noord-Korea (36,6%), Zuid-Korea (30,4%), Japan (27,5%) en Hongkong (10,0%). De waarde van de industrie per hoofd in Oost-Azië onder de leiders: Japan ($9.400,9), Zuid-Korea ($2.738,7), Hongkong ($2.133,7), China ($231,9) en Noord-Korea ($179,9). De groei van de industrie onder de leiders: China (13,1%), Zuid-Korea (8,7%), Japan (1,3%), Hongkong (-4,9%) en Noord-Korea (-5,4%).

de jaren 2000

De industrie van Oost-Azië bedroeg in de jaren 2000 US$2,5 biljoen per jaar. Het aandeel in de wereld was 24,8%, en 67,5% in Azië.

Het aandeel van de industrie in de economie van Oost-Azië was 29,7% in de jaren 2000, en was vergelijkbaar met Servië (29,6%), de Caraïben (29,5%).

De industrie per hoofd in Oost-Azië was $1.629,7 in de jaren 2000s, en was vergelijkbaar met de Caraïben (US$1.620,3), de Bahama's (US$1.611,3), Centraal-Amerika (US$1.650,2). De toegevoegde waarde van de industrie per hoofd in Oost-Azië was 3,6% hoger dan de industrie per hoofd van de bevolking in de wereld ($1.573,8), en was 71,2% hoger dan de industrie per hoofd van de bevolking in Azië ($1.573,8).

De groei van de industrie in Oost-Azië bedroeg 6.6% in de jaren 2000. De groei van de industrie in Oost-Azië (6,6%) was groter dan de groei van de industrie in de wereld (2,9%), was groter dan de groei van de industrie in Azië (5,7%).

Vergelijking met subregio's. De waarde van de industrie in Oost-Azië was groter dan in Zuidwest-Azië (US$535,3 miljard), in Zuidoost-Azië (US$346,9 miljard), in Zuid-Azië (US$311,4 miljard) en in Centraal-Azië (US$28,1 miljard). De sector van de industrie per hoofd in Oost-Azië was in Oost-Azië groter dan in Zuidoost-Azië (US$622,3), in Centraal-Azië (US$482,9) en in Zuid-Azië (US$197,8); maar minder dan in Zuidwest-Azië (US$2,6 duizend). De groei van de industrie in Oost-Azië was groter dan in Zuid-Azië (5,9%), in Zuidoost-Azië (4,1%) en in Zuidwest-Azië (2,8%); maar minder dan in Centraal-Azië (7,7%).

Leiders. De sector van de industrie in Oost-Azië in de jaren 2000 bestond uit: Japan (44,6%), China (41,5%), Zuid-Korea (9,2%), Hongkong (0,41%), Noord-Korea (0,16%), en andere (4,1%). Het aandeel van de industrie in economie van de leiders: China (40,7%), Noord-Korea (33,7%), Zuid-Korea (30,7%), Japan (24,3%) en Hongkong (5,8%). De waarde van de industrie per hoofd in Oost-Azië onder de leiders: Japan ($8.848,8), Zuid-Korea ($4.818,5), Hongkong ($1.529,3), China ($795,3) en Noord-Korea ($172,4). De groei van de industrie onder de leiders: China (11,1%), Zuid-Korea (6,4%), Noord-Korea (1,7%), Japan (0,15%) en Hongkong (-0,42%).

de jaren 2010

De waarde van de industrie in Oost-Azië bedroeg in de jaren 2010 US$5,5 biljoen per jaar. Het aandeel in de wereld was 32,2%, en 67,4% in Azië.

Het aandeel van de industrie in de economie van Oost-Azië was 30,7% in de jaren 2010, en was vergelijkbaar met Centraal-Azië (30,6%), Noord-Afrika (30,7%), Tsjechië (30,6%).

De industrie per hoofd in Oost-Azië was $3.346,9 in de jaren 2010s, en was vergelijkbaar met Venezuela (US$3,3 duizend), Portugal (US$3,3 duizend), Turkmenistan (US$3,4 duizend). De waarde van de industrie per hoofd in Oost-Azië was 44,2% hoger dan de industrie per hoofd van de bevolking in de wereld ($2.320,9), en was 81,2% hoger dan de industrie per hoofd van de bevolking in Azië ($2.320,9).

De groei van de industrie in Oost-Azië bedroeg 6.1% in de jaren 2010, en was vergelijkbaar met de Dominicaanse Republiek (6,1%), Burkina Faso (6,1%). De groei van de industrie in Oost-Azië (6,1%) was groter dan de groei van de industrie in de wereld (3,5%), was groter dan de groei van de industrie in Azië (5,6%).

Vergelijking met subregio's. De industrie van Oost-Azië was 5,0 keer groter dan in Zuidwest-Azië (US$1,1 biljoen), 7,2 keer groter dan in Zuidoost-Azië (US$764,3 miljard), 7,8 keer groter dan in Zuid-Azië (US$707,6 miljard) en 63,8 keer groter dan in Centraal-Azië (US$86,0 miljard). De waarde van de industrie per hoofd in Oost-Azië was in Oost-Azië2,6 keer groter dan in Centraal-Azië (US$1.266,1), 2,8 keer groter dan in Zuidoost-Azië (US$1.212,9) en 8,6 keer groter dan in Zuid-Azië (US$389,6); maar 22,3% minder dan in Zuidwest-Azië (US$4,3 duizend). De groei van de industrie in Oost-Azië was groter dan in Zuid-Azië (5,9%), in Centraal-Azië (4,8%), in Zuidoost-Azië (4,2%) en in Zuidwest-Azië (3,4%).

Leiders. De sector van de industrie in Oost-Azië in de jaren 2010 bestond uit: China (67,1%), Japan (21,7%), Zuid-Korea (7,7%), Hongkong (0,15%), Noord-Korea (0,11%), en andere (3,3%). Het aandeel van de industrie in economie van de leiders: Noord-Korea (37,9%), China (35,1%), Zuid-Korea (31,9%), Japan (22,9%) en Hongkong (2,8%). De waarde van de industrie per hoofd in Oost-Azië onder de leiders: Japan ($9.305,3), Zuid-Korea ($8.355,6), China ($2.626,2), Hongkong ($1.140,6) en Noord-Korea ($248,6). De groei van de industrie onder de leiders: China (7,5%), Zuid-Korea (3,6%), Japan (2,6%), Hongkong (-0,040%) en Noord-Korea (-1,5%).

Hoofdstuk 5.1. Fabricage

(ISIC D)

De toegevoegde waarde van de fabricage in Oost-Azië steeg van US$184,6 miljard per jaar in de jaren 1970 tot US$4,7 biljoen per jaar in de jaren 2010, dat wil zeggen met US$4,6 biljoen of 25,7 keer. De verandering vond plaats op US$2,5 biljoen als gevolg van een 2,1-voudige stijging van de prijzen, en ook op US$2,0 biljoen als gevolg van een 8,2-voudige toename van de productiviteit , evenals op US$91,7 miljard als gevolg van de toename van de bevolking. De gemiddelde jaarlijkse groei van de fabricage is 6,2%. De minimumwaarde van de fabricage bedroeg US$79,5 miljard in 1970. De maximumwaarde van de fabricage bedroeg US$5,7 biljoen in 2019.

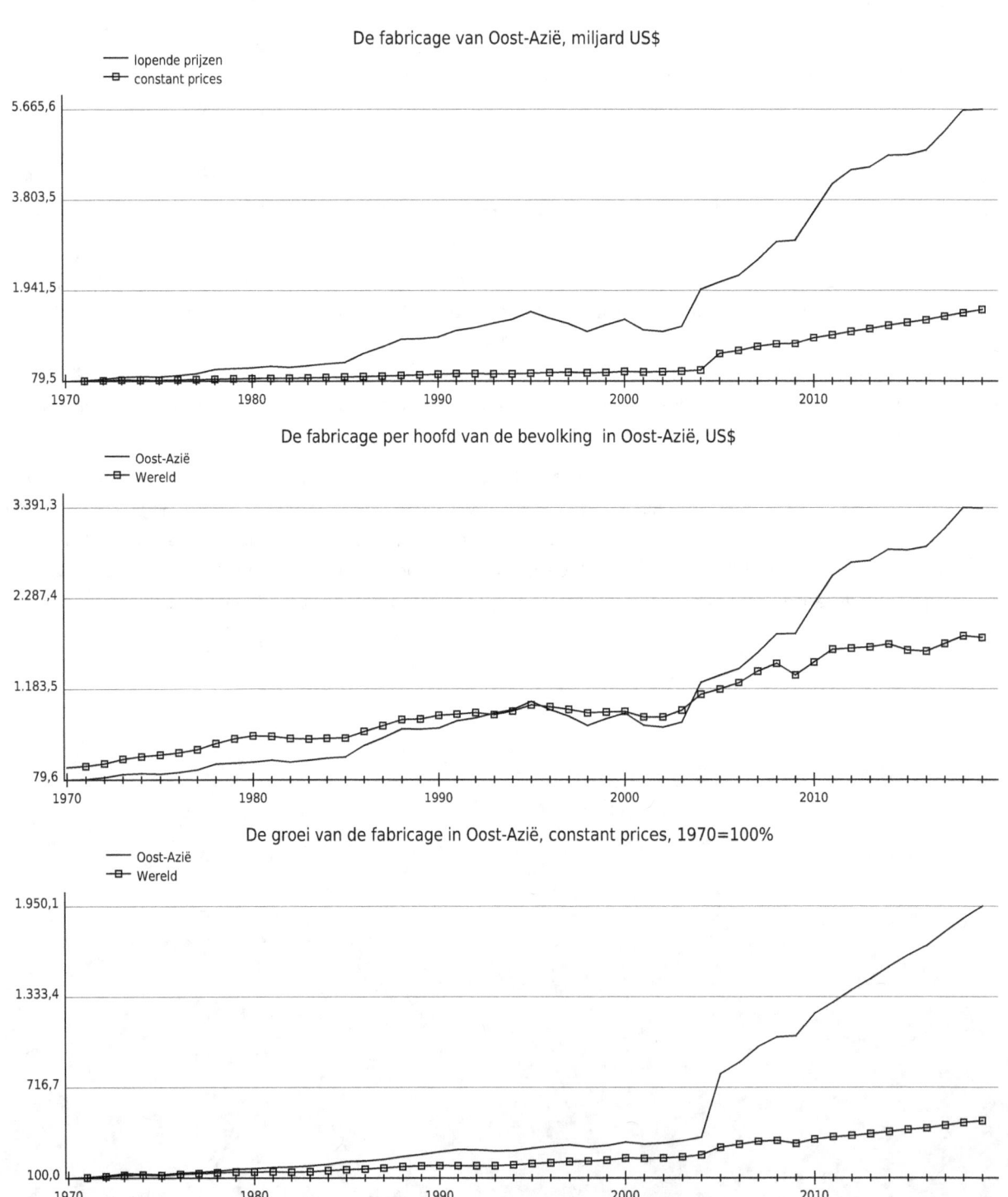

De fabricage van Oost-Azië, miljard US$

De fabricage per hoofd van de bevolking in Oost-Azië, US$

De groei van de fabricage in Oost-Azië, constant prices, 1970=100%

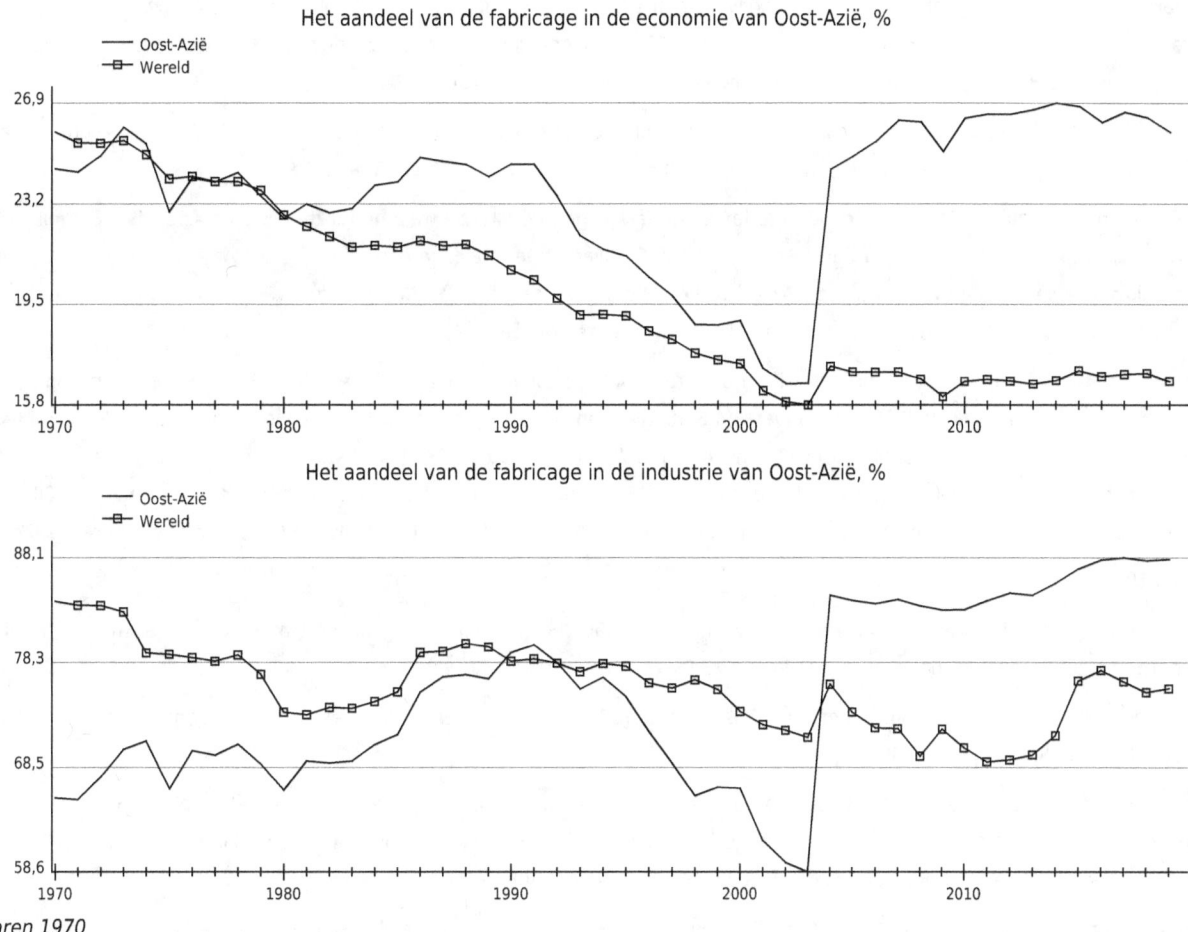

Het aandeel van de fabricage in de economie van Oost-Azië, %

de jaren 1970

De fabricage van Oost-Azië bedroeg in de jaren 1970 US$184,6 miljard per jaar. Het aandeel in de wereld was 11,9%, en 75,8% in Azië.

Het aandeel van de fabricage in de economie van Oost-Azië was 24,3% in de jaren 1970, en was vergelijkbaar met de Wereld (24,5%).

De sector van de fabricage per hoofd in Oost-Azië was $168,5 in de jaren 1970s, en was vergelijkbaar met de Bahama's (US$169,2), Guyana (US$167,4), West-Afrika (US$166,0). De fabricage per hoofd in Oost-Azië was in 2,3 keer lager dan de fabricage per hoofd van de bevolking in de wereld ($383,2), en was 60,6% hoger dan de fabricage per hoofd van de bevolking in Azië ($383,2).

De groei van de fabricage in Oost-Azië bedroeg 5.2% in de jaren 1970, en was vergelijkbaar met de Sovjet-Unie (5,2%), Tsjecho-Slowakije (5,3%). De groei van de fabricage in Oost-Azië (5,2%) was groter dan de groei van de fabricage in de wereld (3,8%), was minder dan de groei van de fabricage in Azië (5,6%).

Vergelijking met subregio's. De sector van de fabricage in Oost-Azië was groter dan in Zuid-Azië (US$23,9 miljard), in Zuidwest-Azië (US$19,7 miljard) en in Zuidoost-Azië (US$15,3 miljard). De fabricage per hoofd in Oost-Azië was in Oost-Azië groter dan in Zuidoost-Azië (US$48,3) en in Zuid-Azië (US$29,0); maar minder dan in Zuidwest-Azië (US$233,3). De groei van de fabricage in Oost-Azië was groter dan in Zuid-Azië (4,8%); maar minder dan in Zuidoost-Azië (9,5%) en in Zuidwest-Azië (5,9%).

Leiders. De sector van de fabricage in Oost-Azië in de jaren 1970 bestond uit: Japan (91,7%), Zuid-Korea (3,1%), Hongkong (1,1%), Noord-Korea (1,1%), Macau (0,031%), en andere (3,0%). Het aandeel van de fabricage in economie van de leiders: Japan (31,0%), Noord-Korea (26,7%), Zuid-Korea (23,1%), Hongkong (19,7%) en Macau (14,9%). De toegevoegde waarde van de fabricage per hoofd in Oost-Azië onder de leiders: Japan ($1.520,6), Hongkong ($497,0), Macau ($239,1), Zuid-Korea ($162,1) en Noord-Korea ($140,1). De groei van de fabricage onder de leiders: Zuid-Korea (18,2%), Hongkong (8,6%), Macau (7,9%), Noord-Korea (7,6%) en Japan (4,5%).

de jaren 1980

De fabricage van Oost-Azië bedroeg in de jaren 1980 US$569,9 miljard per jaar. Het aandeel in de wereld was 17,8%, en 78,3% in Azië.

Het aandeel van de fabricage in de economie van Oost-Azië was 24,1% in de jaren 1980, en was vergelijkbaar met Italië (24,2%), Costa Rica (23,9%).

De waarde van de fabricage per hoofd in Oost-Azië was $446,1 in de jaren 1980s, en was vergelijkbaar met Zuidwest-Azië (US$440,1). De waarde van de fabricage per hoofd in Oost-Azië was 32,5% lager dan de fabricage per hoofd van de bevolking in de wereld ($661,2), en was 73,8% hoger dan de fabricage per hoofd van de bevolking in Azië ($661,2).

De groei van de fabricage in Oost-Azië bedroeg 5% in de jaren 1980. De groei van de fabricage in Oost-Azië (5,0%) was groter dan de groei van de fabricage in de wereld (2,6%), was minder dan de groei van de fabricage in Azië (5,4%).

Vergelijking met subregio's. De toegevoegde waarde van de fabricage in Oost-Azië was groter dan in Zuid-Azië (US$58,4 miljard), in Zuidwest-Azië (US$50,0 miljard) en in Zuidoost-Azië (US$49,6 miljard). De fabricage per hoofd in Oost-Azië was in Oost-Azië groter dan in Zuidwest-Azië (US$440,1), in Zuidoost-Azië (US$125,1) en in Zuid-Azië (US$55,6). De groei van de fabricage in Oost-Azië was minder dan in Zuidoost-Azië (7,3%), in Zuid-Azië (6,1%) en in Zuidwest-Azië (5,2%).

Leiders. De sector van de fabricage in Oost-Azië in de jaren 1980 bestond uit: Japan (87,9%), Zuid-Korea (5,4%), Hongkong (1,3%), Noord-Korea (0,60%), Macau (0,036%), en andere (4,8%). Het aandeel van de fabricage in economie van de leiders: Zuid-Korea (28,0%), Japan (27,8%), Noord-Korea (26,7%), Hongkong (18,7%) en Macau (14,8%). De waarde van de fabricage per hoofd in Oost-Azië onder de leiders: Japan ($4.131,0), Hongkong ($1.405,8), Zuid-Korea ($757,3), Macau ($722,0) en Noord-Korea ($203,1). De groei van de fabricage onder de leiders: Zuid-Korea (10,9%), Macau (6,9%), Hongkong (5,7%), Japan (4,4%) en Noord-Korea (2,8%).

de jaren 1990

De waarde van de fabricage in Oost-Azië bedroeg in de jaren 1990 US$1,2 biljoen per jaar, en was vergelijkbaar met de Verenigde Staten (US$1,2 biljoen). Het aandeel in de wereld was 23,9%, en 78,4% in Azië.

Het aandeel van de fabricage in de economie van Oost-Azië was 21,3% in de jaren 1990, en was vergelijkbaar met Costa Rica (21,3%), Hongarije (21,4%), Slowakije (21,5%).

De sector van de fabricage per hoofd in Oost-Azië was $851,3 in de jaren 1990s, en was vergelijkbaar met Kroatië (US$852,3), Andorra (US$849,2). De fabricage per hoofd in Oost-Azië was 6,3% lager dan de fabricage per hoofd van de bevolking in de wereld ($908,4), en was 86,6% hoger dan de fabricage per hoofd van de bevolking in Azië ($908,4).

De groei van de fabricage in Oost-Azië bedroeg 2.1% in de jaren 1990, en was vergelijkbaar met Tsjechië (2,2%). De groei van de fabricage in Oost-Azië (2,1%) was groter dan de groei van de fabricage in de wereld (2,0%), was minder dan de groei van de fabricage in Azië (3,5%).

Vergelijking met subregio's. De fabricage van Oost-Azië was groter dan in Zuidoost-Azië (US$138,9 miljard), in Zuidwest-Azië (US$102,5 miljard), in Zuid-Azië (US$92,7 miljard) en in Centraal-Azië (US$6,8 miljard). De sector van de fabricage per hoofd in Oost-Azië was in Oost-Azië groter dan in Zuidwest-Azië (US$623,3), in Zuidoost-Azië (US$288,6), in Centraal-Azië (US$128,0) en in Zuid-Azië (US$70,8). De groei van de fabricage in Oost-Azië was groter dan in Centraal-Azië (-4,0%); maar minder dan in Zuidoost-Azië (6,8%), in Zuid-Azië (5,9%) en in Zuidwest-Azië (4,4%).

Leiders. De sector van de fabricage in Oost-Azië in de jaren 1990 bestond uit: Japan (84,5%), Zuid-Korea (9,0%), Hongkong (0,79%), Noord-Korea (0,20%), Macau (0,038%), en andere (5,5%). Het aandeel van de fabricage in economie van de leiders: Zuid-Korea (27,6%), Japan (24,3%), Noord-Korea (23,9%), Macau (9,5%) en Hongkong (7,5%). De toegevoegde waarde van de fabricage per hoofd in Oost-Azië onder de leiders: Japan ($8.305,2), Zuid-Korea ($2.483,1), Hongkong ($1.600,8), Macau ($1.233,0) en Noord-Korea ($117,5). De groei van de fabricage onder de leiders: Zuid-Korea (9,0%), Japan (1,1%), Macau (-2,6%), Noord-Korea (-5,8%) en Hongkong (-8,8%).

de jaren 2000

De toegevoegde waarde van de fabricage in Oost-Azië bedroeg in de jaren 2000 US$2,0 biljoen per jaar. Het aandeel in de wereld was 26,5%, en 75,2% in Azië.

Het aandeel van de fabricage in de economie van Oost-Azië was 22,9% in de jaren 2000, en was vergelijkbaar met Paraguay (22,7%), Slovenië (23,1%).

De toegevoegde waarde van de fabricage per hoofd in Oost-Azië was $1.255,9 in de jaren 2000s, en was vergelijkbaar met Oman (US$1.274,8), Polen (US$1.281,9). De waarde van de fabricage per hoofd in Oost-Azië was 10,3% hoger dan de fabricage per hoofd van de bevolking in de wereld ($1.138,1), en was 90,6% hoger dan de fabricage per hoofd van de bevolking in Azië ($1.138,1).

De groei van de fabricage in Oost-Azië bedroeg 12.8% in de jaren 2000. De groei van de fabricage in Oost-Azië (12,8%) was groter dan de groei van de fabricage in de wereld (4,2%), was groter dan de groei van de fabricage in Azië (10,5%).

Vergelijking met subregio's. De waarde van de fabricage in Oost-Azië was groter dan in Zuidoost-Azië (US$255,0 miljard), in Zuid-Azië (US$202,0 miljard), in Zuidwest-Azië (US$175,0 miljard) en in Centraal-Azië (US$15,3 miljard). De toegevoegde waarde van de fabricage per hoofd in Oost-Azië was in Oost-Azië groter dan in Zuidwest-Azië (US$857,6), in Zuidoost-Azië (US$457,3), in Centraal-Azië (US$262,8) en in Zuid-Azië (US$128,3). De groei van de fabricage in Oost-Azië was groter dan in Zuid-Azië (7,7%), in Centraal-Azië (7,0%), in Zuidoost-Azië (4,8%) en in Zuidwest-Azië (4,2%).

Leiders. De waarde van de fabricage in Oost-Azië in de jaren 2000 bestond uit: China (55,2%), Japan (50,7%), Zuid-Korea (10,9%), Hongkong (0,27%), Noord-Korea (0,12%). Het aandeel van de fabricage in economie van de leiders: China (41,7%), Zuid-Korea (28,1%), Japan (21,3%), Noord-Korea (19,5%) en Hongkong (2,9%). De toegevoegde waarde van de fabricage per hoofd in Oost-Azië onder de leiders: Japan ($7.746,3), Zuid-Korea ($4.405,3), China ($815,3), Hongkong ($780,4) en Noord-Korea ($99,8). De groei van de fabricage onder de leiders: Zuid-Korea (6,5%), Noord-Korea (1,1%), Japan (0,32%) en Hongkong (-3,1%).

de jaren 2010

De fabricage van Oost-Azië bedroeg in de jaren 2010 US$4,7 biljoen per jaar. Het aandeel in de wereld was 38,1%, en 76,7% in Azië.

Het aandeel van de fabricage in de economie van Oost-Azië was 26,5% in de jaren 2010.

De sector van de fabricage per hoofd in Oost-Azië was $2.889,0 in de jaren 2010s, en was vergelijkbaar met Oceanië (US$2,8 duizend), Equatoriaal-Guinea (US$2,9 duizend). De toegevoegde waarde van de fabricage per hoofd in Oost-Azië was 70,2% hoger dan de fabricage per hoofd van de bevolking in de wereld ($1.697,4), en was in 2,1 keer hoger dan de fabricage per hoofd van de bevolking in Azië ($1.697,4).

De groei van de fabricage in Oost-Azië bedroeg 6.2% in de jaren 2010, en was vergelijkbaar met de Marshalleilanden (6,2%), Centraal-Azië (6,3%). De groei van de fabricage in Oost-Azië (6,2%) was groter dan de groei van de fabricage in de wereld (3,9%), was groter dan de groei van de fabricage in Azië (6,0%).

Vergelijking met subregio's. De waarde van de fabricage in Oost-Azië was 8,7 keer groter dan in Zuidoost-Azië (US$547,2 miljard), 9,8 keer groter dan in Zuid-Azië (US$483,0 miljard), 13,2 keer groter dan in Zuidwest-Azië (US$359,7 miljard) en 96,5 keer groter dan in Centraal-Azië (US$49,1 miljard). De fabricage per hoofd in Oost-Azië was in Oost-Azië2,0 keer groter dan in Zuidwest-Azië (US$1.414,1), 3,3 keer groter dan in Zuidoost-Azië (US$868,4), 4,0 keer groter dan in Centraal-Azië (US$723,2) en 10,9 keer groter dan in Zuid-Azië (US$265,9). De groei van de fabricage in Oost-Azië was groter dan in Zuidoost-Azië (4,9%) en in Zuidwest-Azië (4,4%); maar minder dan in Zuid-Azië (6,4%) en in Centraal-Azië (6,3%).

Leiders. De toegevoegde waarde van de fabricage in Oost-Azië in de jaren 2010 bestond uit: China (65,7%), Japan (22,4%), Zuid-Korea (8,2%), Hongkong (0,078%), Noord-Korea (0,072%), en andere (3,5%). Het aandeel van de fabricage in economie van de leiders: China (29,7%), Zuid-Korea (29,4%), Noord-Korea (20,7%), Japan (20,4%) en Hongkong (1,3%). De waarde van de fabricage per hoofd in Oost-Azië onder de leiders: Japan ($8.286,2), Zuid-Korea ($7.723,3), China ($2.221,3), Hongkong ($512,8) en Noord-Korea ($135,9). De groei van de fabricage onder de leiders: China (7,5%), Zuid-Korea (3,8%), Japan (3,0%), Hongkong (0,30%) en Noord-Korea (-1,6%).

Hoofdstuk VI. Constructie

(ISIC F)

De waarde van de constructie in Oost-Azië steeg van US$53,3 miljard per jaar in de jaren 1970 tot US$1,1 biljoen per jaar in de jaren 2010, dat wil zeggen met US$1,1 biljoen of 20,9 keer. De verandering vond plaats op US$917,5 miljard als gevolg van een 5,7-voudige stijging van de prijzen, en ook op US$114,0 miljard als gevolg van een 2,4-voudige toename van de productiviteit , evenals op US$26,5 miljard als gevolg van de toename van de bevolking. De gemiddelde jaarlijkse groei van de constructie is 3,5%. De minimumwaarde van de constructie bedroeg US$19,0 miljard in 1970. De maximumwaarde van de constructie bedroeg US$1,4 biljoen in 2019.

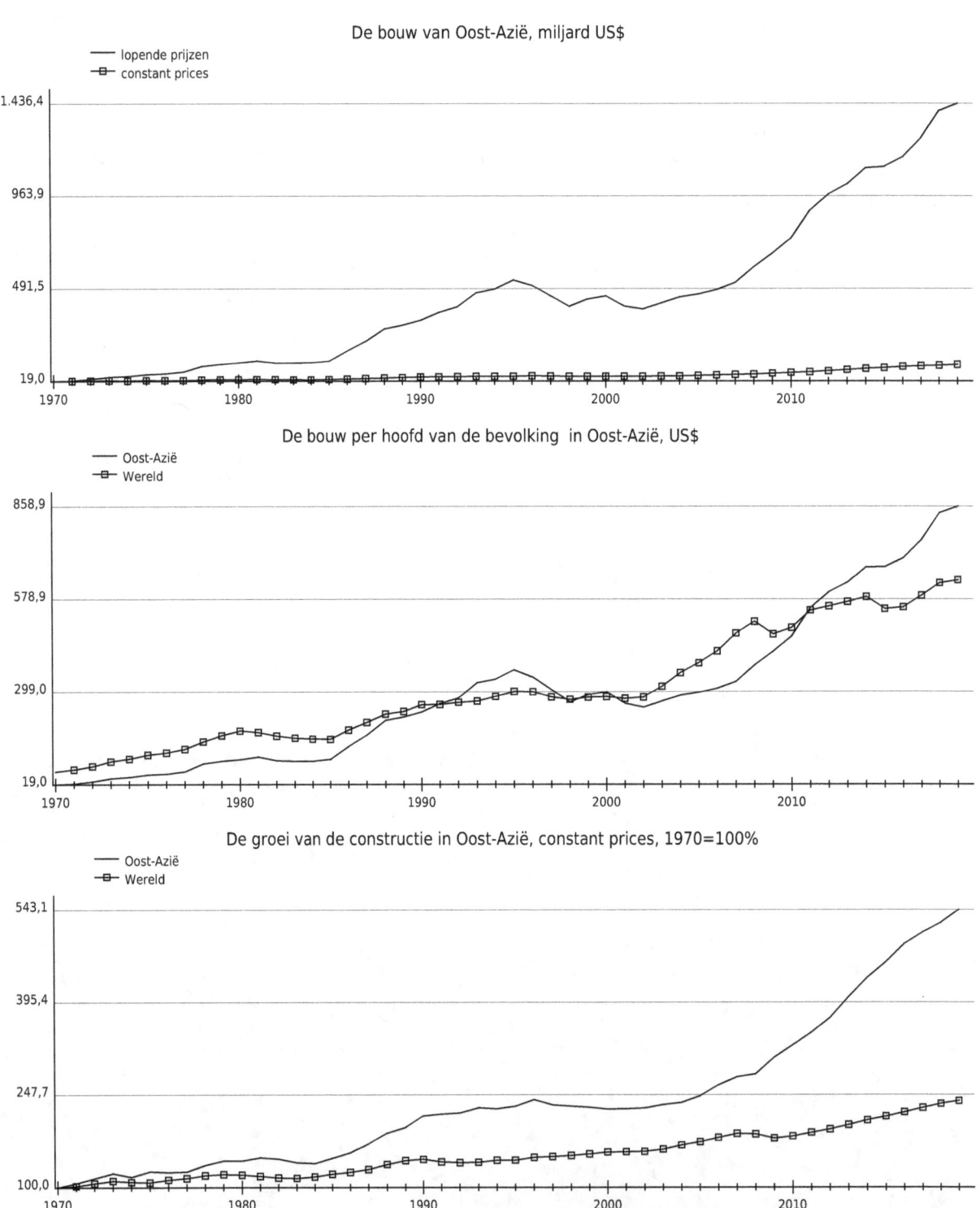

De bouw van Oost-Azië, miljard US$

De bouw per hoofd van de bevolking in Oost-Azië, US$

De groei van de constructie in Oost-Azië, constant prices, 1970=100%

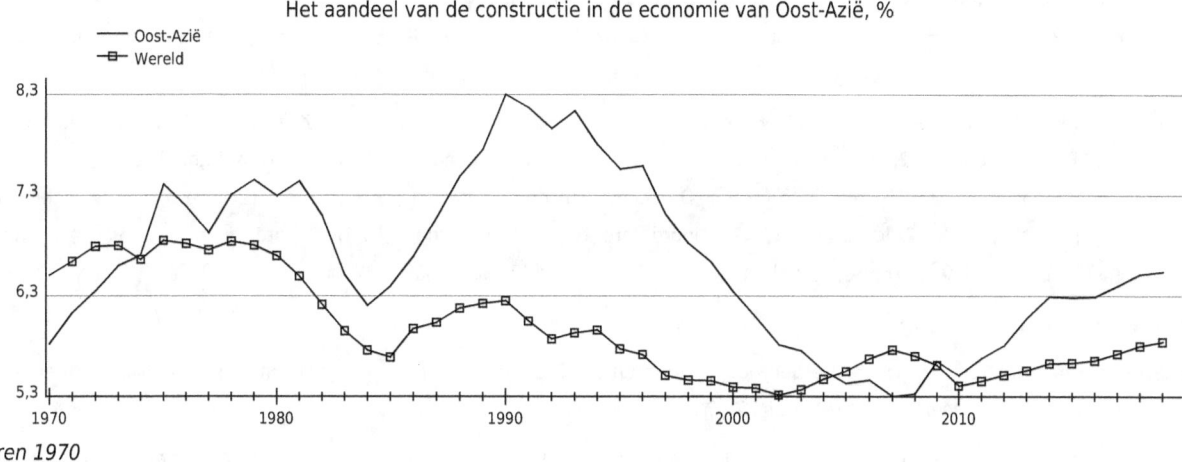

Het aandeel van de constructie in de economie van Oost-Azië, %

— Oost-Azië
-□- Wereld

de jaren 1970

De toegevoegde waarde van de constructie in Oost-Azië bedroeg in de jaren 1970 US$53,3 miljard per jaar, en was vergelijkbaar met de Sovjet-Unie (US$52,5 miljard). Het aandeel in de wereld was 12,4%, en 66,7% in Azië.

Het aandeel van de constructie in de economie van Oost-Azië was 7,0% in de jaren 1970, en was vergelijkbaar met Denemarken (7,0%), Argentinië (7,1%).

De sector van de constructie per hoofd in Oost-Azië was $48,6 in de jaren 1970s, en was vergelijkbaar met Irak (US$48,6), Ivoorkust (US$48,5), Sao Tomé en Principe (US$47,5). De sector van de constructie per hoofd in Oost-Azië was in 2,2 keer lager dan de constructie per hoofd van de bevolking in de wereld ($106,1), en was 41,3% hoger dan de constructie per hoofd van de bevolking in Azië ($106,1).

De groei van de constructie in Oost-Azië bedroeg 4% in de jaren 1970, en was vergelijkbaar met Albanië (4,0%). De groei van de constructie in Oost-Azië (4,0%) was groter dan de groei van de constructie in de wereld (2,1%), was minder dan de groei van de constructie in Azië (5,1%).

Vergelijking met subregio's. De sector van de constructie in Oost-Azië was groter dan in Zuidwest-Azië (US$12,4 miljard), in Zuid-Azië (US$9,9 miljard) en in Zuidoost-Azië (US$4,3 miljard). De sector van de constructie per hoofd in Oost-Azië was in Oost-Azië groter dan in Zuidoost-Azië (US$13,7) en in Zuid-Azië (US$12,0); maar minder dan in Zuidwest-Azië (US$146,6). De groei van de constructie in Oost-Azië was minder dan in Zuidoost-Azië (11,5%), in Zuidwest-Azië (10,4%) en in Zuid-Azië (5,7%).

Leiders. De bouw van Oost-Azië in de jaren 1970 bestond uit: Japan (81,7%), China (11,4%), Zuid-Korea (2,7%), Hongkong (1,4%), Noord-Korea (1,1%), en andere (1,7%). Het aandeel van de constructie in economie van de leiders: Noord-Korea (8,1%), Japan (8,0%), Hongkong (6,9%), Zuid-Korea (6,0%) en China (3,9%). De sector van de constructie per hoofd in Oost-Azië onder de leiders: Japan ($390,8), Hongkong ($174,1), Noord-Korea ($42,7), Zuid-Korea ($41,8) en China ($6,7). De groei van de constructie onder de leiders: Zuid-Korea (11,3%), Hongkong (9,0%), Noord-Korea (7,6%), China (4,4%) en Japan (3,4%).

de jaren 1980

De sector van de constructie in Oost-Azië bedroeg in de jaren 1980 US$168,2 miljard per jaar. Het aandeel in de wereld was 18,7%, en 71,2% in Azië.

Het aandeel van de constructie in de economie van Oost-Azië was 7,1% in de jaren 1980, en was vergelijkbaar met Zuid-Europa (7,1%), Polynesië (7,1%), Turkije (7,1%).

De toegevoegde waarde van de constructie per hoofd in Oost-Azië was $131,6 in de jaren 1980s, en was vergelijkbaar met Uruguay (US$132,4), Zuid-Amerika (US$133,6). De sector van de constructie per hoofd in Oost-Azië was 29,3% lager dan de constructie per hoofd van de bevolking in de wereld ($186,2), en was 58,0% hoger dan de constructie per hoofd van de bevolking in Azië ($186,2).

De groei van de constructie in Oost-Azië bedroeg 3.3% in de jaren 1980, en was vergelijkbaar met Zwitserland (3,3%). De groei van de constructie in Oost-Azië (3,3%) was groter dan de groei van de constructie in de wereld (1,7%), was groter dan de groei van de constructie in Azië (2,7%).

Vergelijking met subregio's. De constructie van Oost-Azië was groter dan in Zuidwest-Azië (US$30,2 miljard), in Zuid-Azië (US$25,0 miljard) en in Zuidoost-Azië (US$13,0 miljard). De constructie per hoofd in Oost-Azië was in Oost-Azië groter dan in Zuidoost-Azië (US$32,8) en in Zuid-Azië (US$23,8); maar minder dan in Zuidwest-Azië (US$265,8). De groei van de constructie in Oost-Azië was groter dan in Zuid-Azië (1,0%) en in Zuidwest-Azië (-0,79%); maar minder dan in Zuidoost-Azië (3,8%).

Leiders. De bouw van Oost-Azië in de jaren 1980 bestond uit: Japan (82,5%), China (9,2%), Zuid-Korea (4,3%), Hongkong (1,3%), Noord-Korea (0,62%), en andere (2,1%). Het aandeel van de constructie in economie van de leiders: Noord-Korea (8,1%), Japan (7,7%), Zuid-Korea (6,7%), Hongkong (5,3%) en China (4,7%). De sector van de constructie per hoofd in Oost-Azië onder de leiders: Japan ($1.143,9), Hongkong ($401,5), Zuid-Korea ($180,7), Noord-Korea ($61,9) en China ($14,4). De groei van de constructie onder de leiders: China (11,2%), Zuid-Korea (6,9%), Hongkong (3,7%), Noord-Korea (2,8%) en Japan (2,1%).

de jaren 1990

De waarde van de constructie in Oost-Azië bedroeg in de jaren 1990 US$439,5 miljard per jaar, en was vergelijkbaar met Amerika (US$435,1 miljard). Het aandeel in de wereld was 27,7%, en 79,9% in Azië.

Het aandeel van de constructie in de economie van Oost-Azië was 7,5% in de jaren 1990, en was vergelijkbaar met Tonga (7,5%).

De bouw per hoofd in Oost-Azië was $301,8 in de jaren 1990s, en was vergelijkbaar met Oman (US$305,3). De toegevoegde waarde van de constructie per hoofd in Oost-Azië was 8,3% hoger dan de constructie per hoofd van de bevolking in de wereld ($278,6), en was 90,1% hoger dan de constructie per hoofd van de bevolking in Azië ($278,6).

De groei van de constructie in Oost-Azië bedroeg 1.5% in de jaren 1990, en was vergelijkbaar met Spanje (1,5%). De groei van de constructie in Oost-Azië (1,5%) was groter dan de groei van de constructie in de wereld (0,71%), was minder dan de groei van de constructie in Azië (2,3%).

Vergelijking met subregio's. De waarde van de constructie in Oost-Azië was groter dan in Zuidwest-Azië (US$43,0 miljard), in Zuidoost-Azië (US$33,2 miljard), in Zuid-Azië (US$31,2 miljard) en in Centraal-Azië (US$3,3 miljard). De waarde van de constructie per hoofd in Oost-Azië was in Oost-Azië groter dan in Zuidwest-Azië (US$261,7), in Zuidoost-Azië (US$69,0), in Centraal-Azië (US$61,8) en in Zuid-Azië (US$23,8). De groei van de constructie in Oost-Azië was groter dan in Centraal-Azië (-9,6%); maar minder dan in Zuid-Azië (5,0%), in Zuidoost-Azië (4,6%) en in Zuidwest-Azië (3,6%).

Leiders. De sector van de constructie in Oost-Azië in de jaren 1990 bestond uit: Japan (78,1%), China (9,4%), Zuid-Korea (8,3%), Hongkong (1,5%), Noord-Korea (0,18%), en andere (2,6%). Het aandeel van de constructie in economie van de leiders: Zuid-Korea (9,0%), Japan (8,0%), Noord-Korea (7,3%), China (5,8%) en Hongkong (5,1%). De sector van de constructie per hoofd in Oost-Azië onder de leiders: Japan ($2.721,7), Hongkong ($1.093,6), Zuid-Korea ($806,8), Noord-Korea ($35,9) en China ($33,5). De groei van de constructie onder de leiders: China (9,9%), Hongkong (4,4%), Zuid-Korea (3,8%), Japan (-1,0%) en Noord-Korea (-6,3%).

de jaren 2000

De waarde van de constructie in Oost-Azië bedroeg in de jaren 2000 US$485,4 miljard per jaar. Het aandeel in de wereld was 19,6%, en 67,5% in Azië.

Het aandeel van de constructie in de economie van Oost-Azië was 5,7% in de jaren 2000, en was vergelijkbaar met Curaçao (5,7%), Palestina (5,7%), de Caraïben (5,7%).

De sector van de constructie per hoofd in Oost-Azië was $311,3 in de jaren 2000s, en was vergelijkbaar met de Caraïben (US$311,9), Panama (US$308,3), Oost-Europa (US$317,4). De sector van de constructie per hoofd in Oost-Azië was 18,4% lager dan de constructie per hoofd van de bevolking in de wereld ($381,3), en was 71,1% hoger dan de constructie per hoofd van de bevolking in Azië ($381,3).

De groei van de constructie in Oost-Azië bedroeg 3% in de jaren 2000, en was vergelijkbaar met Barbados (3,0%), Slovenië (3,0%), België (3,0%). De groei van de constructie in Oost-Azië (3,0%) was groter dan de groei van de constructie in de wereld (1,5%), was minder dan de groei van de constructie in Azië (4,4%).

Vergelijking met subregio's. De sector van de constructie in Oost-Azië was groter dan in Zuid-Azië (US$93,6 miljard), in Zuidwest-Azië (US$84,0 miljard), in Zuidoost-Azië (US$48,9 miljard) en in Centraal-Azië (US$7,3 miljard). De bouw per hoofd in Oost-Azië was in Oost-Azië groter dan in Centraal-Azië (US$124,5), in Zuidoost-Azië (US$87,7) en in Zuid-Azië (US$59,5); maar minder dan in Zuidwest-Azië (US$411,8). De groei van de constructie in Oost-Azië was minder dan in Centraal-Azië (12,4%), in Zuid-Azië (8,5%), in Zuidwest-Azië (7,1%) en in Zuidoost-Azië (5,7%).

Leiders. De constructie van Oost-Azië in de jaren 2000 bestond uit: Japan (55,7%), China (30,9%), Zuid-Korea (9,8%), Hongkong (1,3%), Noord-Korea (0,21%), en andere (2,1%). Het aandeel van de constructie in economie van de leiders: Noord-Korea (8,4%), Zuid-Korea (6,2%), Japan (5,8%), China (5,8%) en Hongkong (3,4%). De waarde van de constructie per hoofd in Oost-Azië onder de leiders: Japan ($2.110,1), Zuid-Korea ($979,3), Hongkong ($902,8), China ($113,1) en Noord-Korea ($43,0). De groei van de constructie onder de leiders: China (11,9%), Noord-Korea (2,6%), Zuid-Korea (1,5%), Hongkong (-3,8%) en Japan (-3,9%).

de jaren 2010

De sector van de constructie in Oost-Azië bedroeg in de jaren 2010 US$1,1 biljoen per jaar. Het aandeel in de wereld was 26,5%, en 64,1% in Azië.

Het aandeel van de constructie in de economie van Oost-Azië was 6,2% in de jaren 2010, en was vergelijkbaar met Marokko (6,2%), Barbados (6,2%), Sint Maarten (6,2%).

De constructie per hoofd in Oost-Azië was $677,5 in de jaren 2010s, en was vergelijkbaar met Oost-Europa (US$672,3), Turkmenistan (US$683,0), Palau (US$666,5). De constructie per hoofd in Oost-Azië was 18,4% hoger dan de constructie per hoofd van de bevolking in de wereld ($572,1), en was 72,4% hoger dan de constructie per hoofd van de bevolking in Azië ($572,1).

De groei van de constructie in Oost-Azië bedroeg 5.9% in de jaren 2010, en was vergelijkbaar met Noord-Macedonië (5,8%), Afrika (5,8%), Angola (5,9%). De groei van de constructie in Oost-Azië (5,9%) was groter dan de groei van de constructie in de wereld (2,9%), was groter dan de groei van de constructie in Azië (5,6%).

Vergelijking met subregio's. De constructie van Oost-Azië was 4,9 keer groter dan in Zuid-Azië (US$228,4 miljard), 5,4 keer groter dan in Zuidwest-Azië (US$204,9 miljard), 6,6 keer groter dan in Zuidoost-Azië (US$168,2 miljard) en 56,6 keer groter dan in Centraal-Azië (US$19,6 miljard). De constructie per hoofd in Oost-Azië was in Oost-Azië2,3 keer groter dan in Centraal-Azië (US$288,8), 2,5 keer groter dan in Zuidoost-Azië (US$266,9) en 5,4 keer groter dan in Zuid-Azië (US$125,7); maar 15,9% minder dan in Zuidwest-Azië (US$805,6). De groei van de constructie in Oost-Azië was groter dan in Zuidwest-Azië (4,6%) en in Zuid-Azië (4,1%); maar minder dan in Centraal-Azië (6,9%) en in Zuidoost-Azië (6,7%).

Leiders. De waarde van de constructie in Oost-Azië in de jaren 2010 bestond uit: China (65,8%), Japan (25,1%), Zuid-Korea (6,5%), Hongkong (1,1%), Macau (0,16%), en andere (1,4%). Het aandeel van de constructie in economie van de leiders: China (7,0%), Macau (5,7%), Zuid-Korea (5,4%), Japan (5,4%) en Hongkong (4,3%). De toegevoegde waarde van de constructie per hoofd in Oost-Azië onder de leiders: Macau ($3.060,2), Japan ($2.178,3), Hongkong ($1.743,0), Zuid-Korea ($1.422,3) en China ($521,3). De groei van de constructie onder de leiders: China (8,2%), Hongkong (6,4%), Japan (1,7%), Zuid-Korea (1,2%) en Macau (-6,1%).

Hoofdstuk VII. Vervoer

Transport, opslag en communicatie (ISIC I)

De toegevoegde waarde van het transport in Oost-Azië steeg van US$57,5 miljard per jaar in de jaren 1970 tot US$1,2 biljoen per jaar in de jaren 2010, dat wil zeggen met US$1,1 biljoen of 20,2 keer. De verandering vond plaats op US$825,5 miljard als gevolg van een 3,4-voudige stijging van de prijzen, en ook op US$253,0 miljard als gevolg van een 3,9-voudige toename van de productiviteit , evenals op US$28,6 miljard als gevolg van de toename van de bevolking. De gemiddelde jaarlijkse groei van het transport is 4,4%. De minimumwaarde van het transport bedroeg US$23,8 miljard in 1970. De maximumwaarde van het transport bedroeg US$1,3 biljoen in 2019.

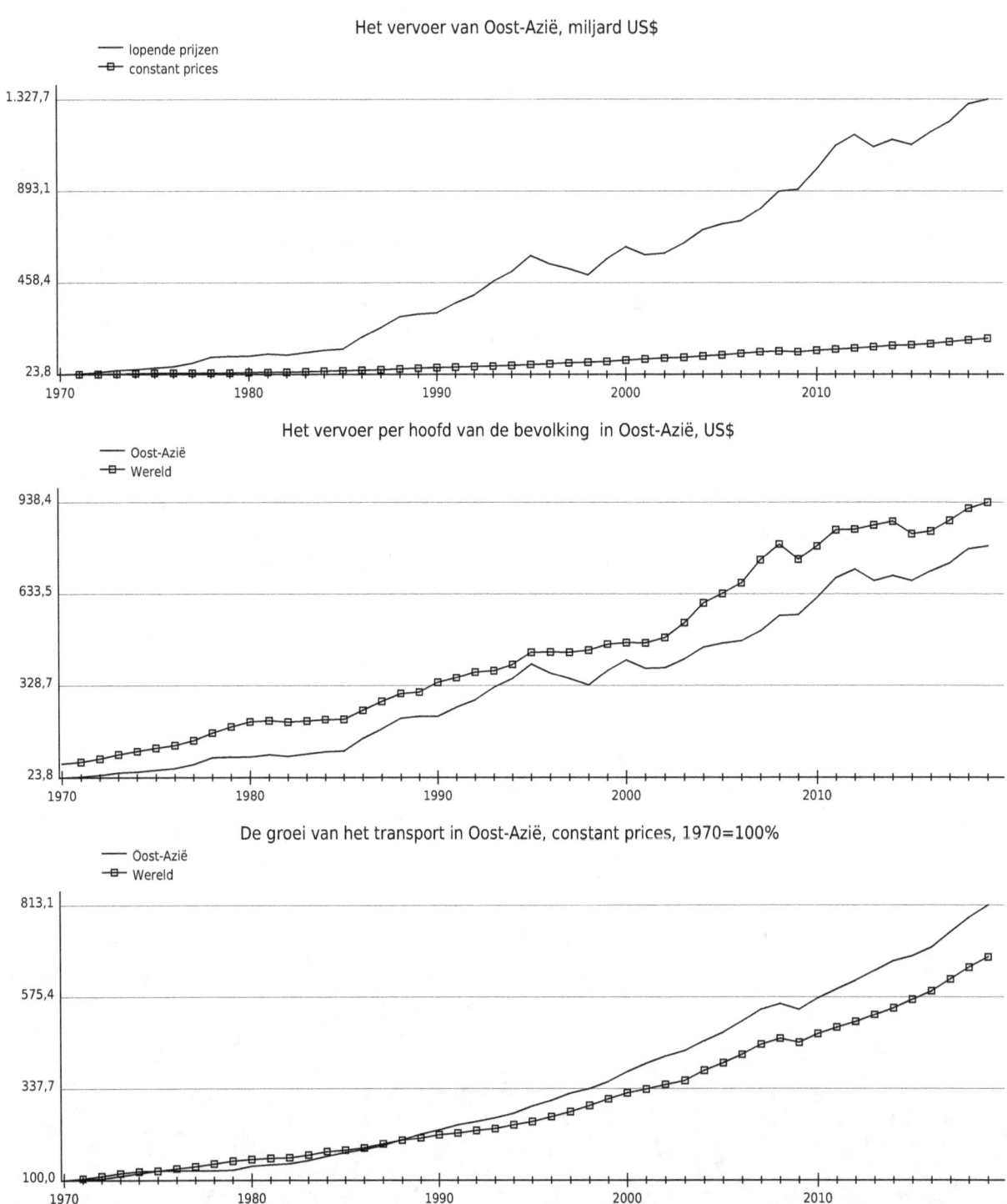

Het vervoer van Oost-Azië, miljard US$

— lopende prijzen
–▢– constant prices

Het vervoer per hoofd van de bevolking in Oost-Azië, US$

— Oost-Azië
–▢– Wereld

De groei van het transport in Oost-Azië, constant prices, 1970=100%

— Oost-Azië
–▢– Wereld

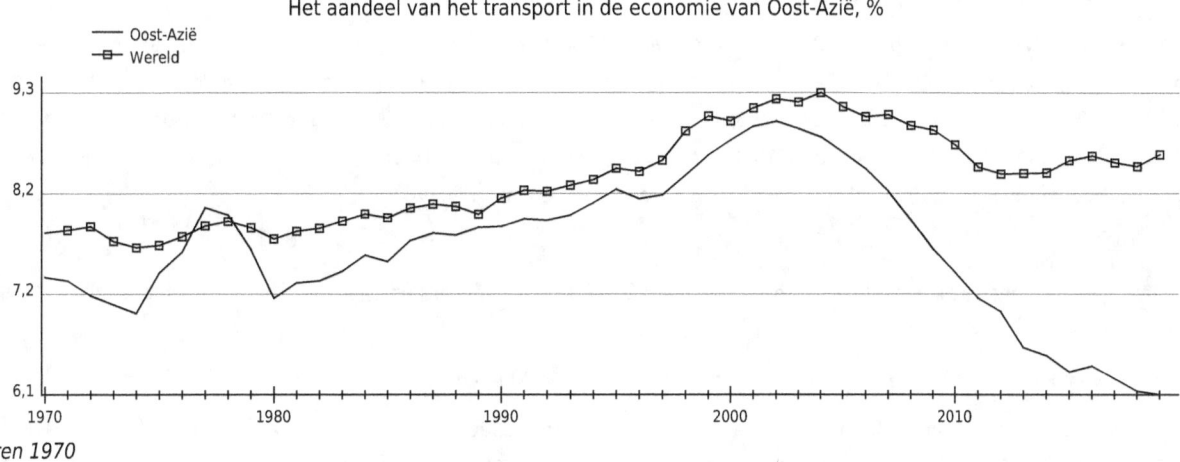

Het aandeel van het transport in de economie van Oost-Azië, %

de jaren 1970

De waarde van het transport in Oost-Azië bedroeg in de jaren 1970 US$57,5 miljard per jaar. Het aandeel in de wereld was 11,6%, en 72,1% in Azië.

Het aandeel van het transport in de economie van Oost-Azië was 7,6% in de jaren 1970, en was vergelijkbaar met West-Europa (7,5%), Benin (7,6%), Malta (7,6%).

Het vervoer per hoofd in Oost-Azië was $52,5 in de jaren 1970s, en was vergelijkbaar met Samoa (US$52,5), Tunesië (US$52,9), Ivoorkust (US$51,9). De sector van het transport per hoofd in Oost-Azië was in 2,3 keer lager dan het transport per hoofd van de bevolking in de wereld ($122,3), en was 52,8% hoger dan het transport per hoofd van de bevolking in Azië ($122,3).

De groei van het transport in Oost-Azië bedroeg 2.6% in de jaren 1970, en was vergelijkbaar met Zambia (2,6%). De groei van het transport in Oost-Azië (2,6%) was minder dan de groei van het transport in de wereld (4,6%), was minder dan de groei van het transport in Azië (4,1%).

Vergelijking met subregio's. De waarde van het transport in Oost-Azië was groter dan in Zuidwest-Azië (US$9,2 miljard), in Zuid-Azië (US$8,4 miljard) en in Zuidoost-Azië (US$4,6 miljard). De waarde van het transport per hoofd in Oost-Azië was in Oost-Azië groter dan in Zuidoost-Azië (US$14,5) en in Zuid-Azië (US$10,2); maar minder dan in Zuidwest-Azië (US$109,1). De groei van het transport in Oost-Azië was minder dan in Zuidwest-Azië (9,8%), in Zuidoost-Azië (9,2%) en in Zuid-Azië (7,6%).

Leiders. De waarde van het transport in Oost-Azië in de jaren 1970 bestond uit: Japan (80,7%), China (13,0%), Zuid-Korea (3,1%), Hongkong (1,5%), Mongolië (0,052%), en andere (1,7%). Het aandeel van het transport in economie van de leiders: Mongolië (10,4%), Japan (8,5%), Hongkong (8,1%), Zuid-Korea (7,2%) en China (4,8%). De toegevoegde waarde van het transport per hoofd in Oost-Azië onder de leiders: Japan ($416,6), Hongkong ($206,0), Zuid-Korea ($50,2), Mongolië ($20,4) en China ($8,2). De groei van het transport onder de leiders: Zuid-Korea (12,2%), Hongkong (9,0%), China (6,8%), Mongolië (5,6%) en Japan (1,7%).

de jaren 1980

De waarde van het transport in Oost-Azië bedroeg in de jaren 1980 US$180,5 miljard per jaar. Het aandeel in de wereld was 15,4%, en 73,3% in Azië.

Het aandeel van het transport in de economie van Oost-Azië was 7,6% in de jaren 1980, en was vergelijkbaar met de Caraïben (7,6%), Benin (7,6%), West-Europa (7,6%).

De waarde van het transport per hoofd in Oost-Azië was $141,3 in de jaren 1980s, en was vergelijkbaar met de Sovjet-Unie (US$142,2), Uruguay (US$144,3). Het transport per hoofd in Oost-Azië was 41,6% lager dan het transport per hoofd van de bevolking in de wereld (US$242,0), en was 62,7% hoger dan het transport per hoofd van de bevolking in Azië ($242,0).

De groei van het transport in Oost-Azië bedroeg 5.7% in de jaren 1980. De groei van het transport in Oost-Azië (5,7%) was groter dan de groei van het transport in de wereld (3,4%), was groter dan de groei van het transport in Azië (5,2%).

Vergelijking met subregio's. Het transport van Oost-Azië was groter dan in Zuidwest-Azië (US$25,1 miljard), in Zuid-Azië (US$24,5 miljard) en in Zuidoost-Azië (US$16,4 miljard). Het vervoer per hoofd in Oost-Azië was in Oost-Azië groter dan in Zuidoost-Azië (US$41,3) en in Zuid-Azië (US$23,3); maar minder dan in Zuidwest-Azië (US$220,4). De groei van het transport in Oost-Azië was groter dan in Zuid-Azië (3,6%) en in Zuidwest-Azië (2,9%); maar minder dan in Zuidoost-Azië (7,3%).

Leiders. De sector van het transport in Oost-Azië in de jaren 1980 bestond uit: Japan (81,8%), China (8,5%), Zuid-Korea (4,8%), Hongkong (2,0%), Mongolië (0,056%), en andere (2,8%). Het aandeel van het transport in economie van de leiders: Mongolië (9,9%), Hongkong (9,2%), Japan (8,2%), Zuid-Korea (7,9%) en China (4,6%). Het transport per hoofd in Oost-Azië onder de leiders: Japan ($1.217,8), Hongkong ($693,0), Zuid-Korea ($213,3), Mongolië ($52,6) en China ($14,3). De groei van het transport onder de leiders: Mongolië (24,8%), China (10,1%), Hongkong (9,5%), Zuid-Korea (8,0%) en Japan (4,7%).

de jaren 1990

De waarde van het transport in Oost-Azië bedroeg in de jaren 1990 US$477,5 miljard per jaar. Het aandeel in de wereld was 20,5%, en 77,8% in Azië.

Het aandeel van het transport in de economie van Oost-Azië was 8,2% in de jaren 1990.

De sector van het transport per hoofd in Oost-Azië was $327,9 in de jaren 1990s, en was vergelijkbaar met Chili (US$328,3), Mauritius (US$322,3), Kroatië (US$320,2). Het vervoer per hoofd in Oost-Azië was 19,9% lager dan het transport per hoofd van de bevolking in de wereld ($409,5), en was 85,0% hoger dan het transport per hoofd van de bevolking in Azië ($409,5).

De groei van het transport in Oost-Azië bedroeg 4.9% in de jaren 1990, en was vergelijkbaar met Jemen (4,9%), Koeweit (4,9%), Noord-Amerika (4,9%). De groei van het transport in Oost-Azië (4,9%) was groter dan de groei van het transport in de wereld (4,0%), was minder dan de groei van het transport in Azië (5,4%).

Vergelijking met subregio's. Het vervoer van Oost-Azië was groter dan in Zuidwest-Azië (US$50,3 miljard), in Zuidoost-Azië (US$42,2 miljard), in Zuid-Azië (US$40,3 miljard) en in Centraal-Azië (US$3,6 miljard). Het vervoer per hoofd in Oost-Azië was in Oost-Azië groter dan in Zuidwest-Azië (US$305,9), in Zuidoost-Azië (US$87,8), in Centraal-Azië (US$68,7) en in Zuid-Azië (US$30,8). De groei van het transport in Oost-Azië was groter dan in Centraal-Azië (-7,4%); maar minder dan in Zuidoost-Azië (6,8%), in Zuid-Azië (6,8%) en in Zuidwest-Azië (5,5%).

Leiders. De toegevoegde waarde van het transport in Oost-Azië in de jaren 1990 bestond uit: Japan (78,3%), China (8,5%), Zuid-Korea (6,6%), Hongkong (2,8%), Macau (0,049%), en andere (3,7%). Het aandeel van het transport in economie van de leiders: Hongkong (10,3%), Japan (8,7%), Zuid-Korea (7,8%), China (5,7%) en Macau (4,7%). De toegevoegde waarde van het transport per hoofd in Oost-Azië onder de leiders: Japan ($2.965,8), Hongkong ($2.197,9), Zuid-Korea ($702,9), Macau ($608,6) en China ($32,9). De groei van het transport onder de leiders: China (10,4%), Zuid-Korea (9,9%), Macau (9,4%), Hongkong (3,7%) en Japan (3,0%).

de jaren 2000

De toegevoegde waarde van het transport in Oost-Azië bedroeg in de jaren 2000 US$726,0 miljard per jaar. Het aandeel in de wereld was 18,0%, en 69,4% in Azië.

Het aandeel van het transport in de economie van Oost-Azië was 8,5% in de jaren 2000, en was vergelijkbaar met Nieuw-Zeeland (8,5%), Peru (8,5%), Azië (8,5%).

De toegevoegde waarde van het transport per hoofd in Oost-Azië was $465,6 in de jaren 2000s, en was vergelijkbaar met Kazachstan (US$467,9), Nauru (US$468,2). De toegevoegde waarde van het transport per hoofd in Oost-Azië was 25,0% lager dan het transport per hoofd van de bevolking in de wereld ($621,1), en was 75,9% hoger dan het transport per hoofd van de bevolking in Azië ($621,1).

De groei van het transport in Oost-Azië bedroeg 4.3% in de jaren 2000, en was vergelijkbaar met Oost-Europa (4,4%). De groei van het transport in Oost-Azië (4,3%) was groter dan de groei van het transport in de wereld (3,9%), was minder dan de groei van het transport in Azië (5,4%).

Vergelijking met subregio's. De toegevoegde waarde van het transport in Oost-Azië was groter dan in Zuidwest-Azië (US$128,9 miljard), in Zuid-Azië (US$101,5 miljard), in Zuidoost-Azië (US$79,9 miljard) en in Centraal-Azië (US$10,3 miljard). Het vervoer per hoofd in Oost-Azië was in Oost-Azië groter dan in Centraal-Azië (US$177,6), in Zuidoost-Azië (US$143,4) en in Zuid-Azië (US$64,5); maar minder dan in Zuidwest-Azië (US$631,6). De groei van het transport in Oost-Azië was minder dan in Centraal-Azië (9,8%), in Zuid-Azië (8,5%), in Zuidoost-Azië (7,9%) en in Zuidwest-Azië (6,7%).

Leiders. De sector van het transport in Oost-Azië in de jaren 2000 bestond uit: Japan (64,5%), China (19,4%), Zuid-Korea (9,8%), Hongkong (2,7%), Macau (0,058%), en andere (3,5%). Het aandeel van het transport in economie van de leiders: Hongkong (10,8%),

Japan (10,0%), Zuid-Korea (9,4%), China (5,4%) en Macau (4,5%). De waarde van het transport per hoofd in Oost-Azië onder de leiders: Japan ($3.655,1), Hongkong ($2.860,2), Zuid-Korea ($1.471,1), Macau ($883,0) en China ($106,2). De groei van het transport onder de leiders: China (8,8%), Zuid-Korea (7,0%), Hongkong (5,3%), Japan (1,5%) en Macau (-0,92%).

de jaren 2010

De waarde van het transport in Oost-Azië bedroeg in de jaren 2010 US$1,2 biljoen per jaar. Het aandeel in de wereld was 18,4%, en 61,4% in Azië.

Het aandeel van het transport in de economie van Oost-Azië was 6,5% in de jaren 2010, en was vergelijkbaar met de Kaaimaneilanden (6,5%), Uruguay (6,5%), Kosovo (6,5%).

De waarde van het transport per hoofd in Oost-Azië was $710,0 in de jaren 2010s, en was vergelijkbaar met Brazilië (US$720,2), Centraal-Amerika (US$696,3). Het transport per hoofd in Oost-Azië was 17,9% lager dan het transport per hoofd van de bevolking in de wereld ($864,8), en was 65,1% hoger dan het transport per hoofd van de bevolking in Azië ($864,8).

De groei van het transport in Oost-Azië bedroeg 4.1% in de jaren 2010, en was vergelijkbaar met Saint Kitts en Nevis (4,1%), Melanesië (4,1%), Ecuador (4,2%). De groei van het transport in Oost-Azië (4,1%) was groter dan de groei van het transport in de wereld (4,0%), was minder dan de groei van het transport in Azië (4,7%).

Vergelijking met subregio's. De waarde van het transport in Oost-Azië was 4,6 keer groter dan in Zuidwest-Azië (US$255,5 miljard), 4,8 keer groter dan in Zuid-Azië (US$241,8 miljard), 5,6 keer groter dan in Zuidoost-Azië (US$206,3 miljard) en 41,1 keer groter dan in Centraal-Azië (US$28,3 miljard). De toegevoegde waarde van het transport per hoofd in Oost-Azië was in Oost-Azië70,4% groter dan in Centraal-Azië (US$416,7), 2,2 keer groter dan in Zuidoost-Azië (US$327,5) en 5,3 keer groter dan in Zuid-Azië (US$133,1); maar 29,3% minder dan in Zuidwest-Azië (US$1.004,2). De groei van het transport in Oost-Azië was minder dan in Zuidoost-Azië (6,9%), in Centraal-Azië (6,7%), in Zuid-Azië (5,5%) en in Zuidwest-Azië (4,8%).

Leiders. De toegevoegde waarde van het transport in Oost-Azië in de jaren 2010 bestond uit: Japan (45,5%), China (39,9%), Zuid-Korea (9,3%), Hongkong (2,4%), Macau (0,093%), en andere (2,9%). Het aandeel van het transport in economie van de leiders: Japan (10,2%), Hongkong (9,7%), Zuid-Korea (8,1%), China (4,4%) en Macau (3,4%). Het transport per hoofd in Oost-Azië onder de leiders: Japan ($4.141,7), Hongkong ($3.932,5), Zuid-Korea ($2.131,7), Macau ($1.826,6) en China ($331,0). De groei van het transport onder de leiders: Macau (10,8%), China (7,5%), Zuid-Korea (3,7%), Hongkong (3,4%) en Japan (0,81%).

Hoofdstuk VIII. Handel

Groothandel, detailhandel, restaurants en hotels (ISIC G-H)

De waarde van de handel in Oost-Azië steeg van US$109,7 miljard per jaar in de jaren 1970 tot US$2,4 biljoen per jaar in de jaren 2010, dat wil zeggen met US$2,3 biljoen of 21,8 keer. De verandering vond plaats op US$1,5 biljoen als gevolg van een 2,7-voudige stijging van de prijzen, en ook op US$729,8 miljard als gevolg van een 5,4-voudige toename van de productiviteit , evenals op US$54,5 miljard als gevolg van de toename van de bevolking. De gemiddelde jaarlijkse groei van de handel is 5,6%. De minimumwaarde van de handel bedroeg US$44,4 miljard in 1970. De maximumwaarde van de handel bedroeg US$2,8 biljoen in 2019.

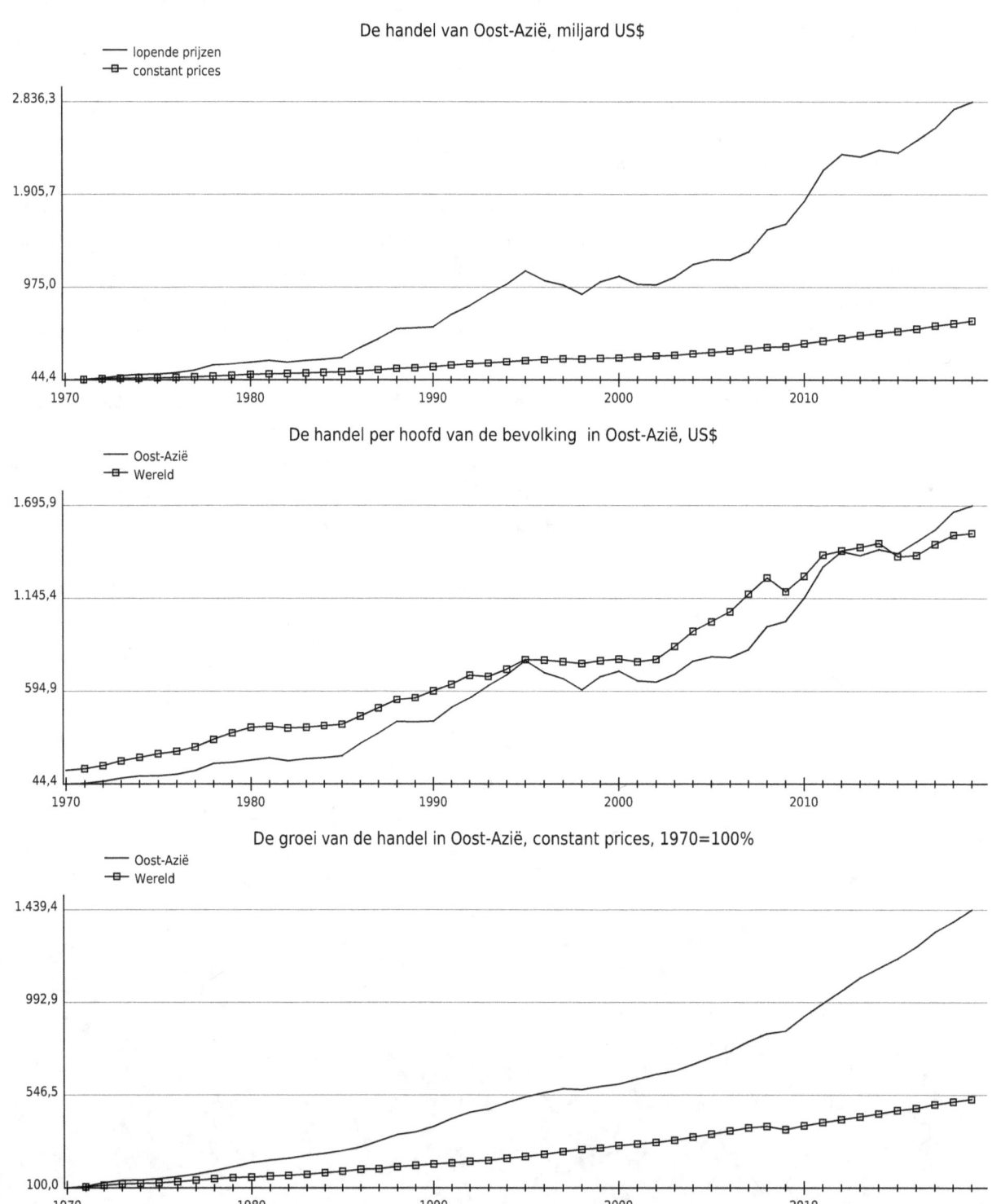

De handel van Oost-Azië, miljard US$

De handel per hoofd van de bevolking in Oost-Azië, US$

De groei van de handel in Oost-Azië, constant prices, 1970=100%

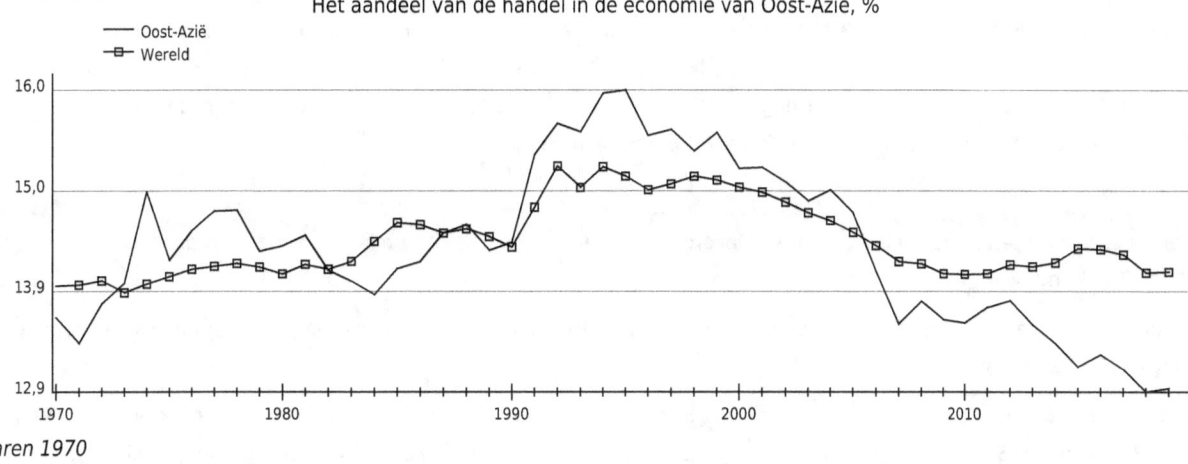

Het aandeel van de handel in de economie van Oost-Azië, %

de jaren 1970

De waarde van de handel in Oost-Azië bedroeg in de jaren 1970 US$109,7 miljard per jaar. Het aandeel in de wereld was 12,3%, en 70,2% in Azië.

Het aandeel van de handel in de economie van Oost-Azië was 14,4% in de jaren 1970, en was vergelijkbaar met Uruguay (14,5%), Micronesië (14,4%), Laos (14,5%).

De toegevoegde waarde van de handel per hoofd in Oost-Azië was $100,1 in de jaren 1970s, en was vergelijkbaar met Guinee (US$99,8), Albanië (US$99,4). De sector van de handel per hoofd in Oost-Azië was in 2,2 keer lager dan de handel per hoofd van de bevolking in de wereld ($221,0), en was 48,6% hoger dan de handel per hoofd van de bevolking in Azië ($221,0).

De groei van de handel in Oost-Azië bedroeg 8.1% in de jaren 1970, en was vergelijkbaar met Palestina (8,0%). De groei van de handel in Oost-Azië (8,1%) was groter dan de groei van de handel in de wereld (4,5%), was groter dan de groei van de handel in Azië (7,7%).

Vergelijking met subregio's. De waarde van de handel in Oost-Azië was groter dan in Zuidoost-Azië (US$16,2 miljard), in Zuidwest-Azië (US$15,9 miljard) en in Zuid-Azië (US$14,5 miljard). De toegevoegde waarde van de handel per hoofd in Oost-Azië was in Oost-Azië groter dan in Zuidoost-Azië (US$51,5) en in Zuid-Azië (US$17,5); maar minder dan in Zuidwest-Azië (US$188,7). De groei van de handel in Oost-Azië was groter dan in Zuidoost-Azië (6,5%) en in Zuid-Azië (5,6%); maar minder dan in Zuidwest-Azië (8,8%).

Leiders. De toegevoegde waarde van de handel in Oost-Azië in de jaren 1970 bestond uit: Japan (82,3%), China (10,1%), Zuid-Korea (3,7%), Hongkong (1,9%), Mongolië (0,060%), en andere (1,9%). Het aandeel van de handel in economie van de leiders: Mongolië (23,1%), Hongkong (19,0%), Zuid-Korea (16,8%), Japan (16,6%) en China (7,1%). De toegevoegde waarde van de handel per hoofd in Oost-Azië onder de leiders: Japan ($811,1), Hongkong ($480,9), Zuid-Korea ($117,6), Mongolië ($45,1) en China ($12,2). De groei van de handel onder de leiders: Hongkong (8,8%), Zuid-Korea (8,5%), Japan (8,2%), China (6,1%) en Mongolië (5,6%).

de jaren 1980

De toegevoegde waarde van de handel in Oost-Azië bedroeg in de jaren 1980 US$340,1 miljard per jaar. Het aandeel in de wereld was 16,1%, en 71,9% in Azië.

Het aandeel van de handel in de economie van Oost-Azië was 14,4% in de jaren 1980, en was vergelijkbaar met Laos (14,3%), Ierland (14,4%), Congo (14,3%).

De handel per hoofd in Oost-Azië was $266,2 in de jaren 1980s, en was vergelijkbaar met Melanesië (US$267,6), Zimbabwe (US$271,9). De handel per hoofd in Oost-Azië was 39,2% lager dan de handel per hoofd van de bevolking in de wereld ($437,7), en was 59,6% hoger dan de handel per hoofd van de bevolking in Azië ($437,7).

De groei van de handel in Oost-Azië bedroeg 6.3% in de jaren 1980. De groei van de handel in Oost-Azië (6,3%) was groter dan de groei van de handel in de wereld (3,3%), was groter dan de groei van de handel in Azië (5,8%).

Vergelijking met subregio's. De sector van de handel in Oost-Azië was groter dan in Zuidoost-Azië (US$45,2 miljard), in Zuidwest-Azië (US$45,1 miljard) en in Zuid-Azië (US$42,8 miljard). De sector van de handel per hoofd in Oost-Azië was in Oost-Azië groter dan in Zuidoost-Azië (US$114,1) en in Zuid-Azië (US$40,8); maar minder dan in Zuidwest-Azië (US$396,9). De groei van de handel in Oost-Azië was groter dan in Zuidoost-Azië (5,8%), in Zuid-Azië (4,9%) en in Zuidwest-Azië (3,3%).

Leiders. De waarde van de handel in Oost-Azië in de jaren 1980 bestond uit: Japan (81,6%), China (7,9%), Zuid-Korea (4,9%), Hongkong (2,5%), Mongolië (0,066%), en andere (3,1%). Het aandeel van de handel in economie van de leiders: Mongolië (22,1%), Hongkong (21,7%), Japan (15,4%), Zuid-Korea (15,1%) en China (8,1%). De handel per hoofd in Oost-Azië onder de leiders: Japan ($2.286,5), Hongkong ($1.630,4), Zuid-Korea ($409,3), Mongolië ($117,5) en China ($25,0). De groei van de handel onder de leiders: Mongolië (25,7%), China (12,7%), Hongkong (9,9%), Zuid-Korea (8,1%) en Japan (4,9%).

de jaren 1990

De toegevoegde waarde van de handel in Oost-Azië bedroeg in de jaren 1990 US$907,4 miljard per jaar. Het aandeel in de wereld was 22,1%, en 77,7% in Azië.

Het aandeel van de handel in de economie van Oost-Azië was 15,6% in de jaren 1990, en was vergelijkbaar met Montenegro (15,6%), Uruguay (15,7%), Singapore (15,7%).

De waarde van de handel per hoofd in Oost-Azië was $623,2 in de jaren 1990s, en was vergelijkbaar met Nauru (US$618,9), Turkije (US$618,2), Tsjechië (US$615,2). De waarde van de handel per hoofd in Oost-Azië was 13,7% lager dan de handel per hoofd van de bevolking in de wereld ($721,8), en was 84,9% hoger dan de handel per hoofd van de bevolking in Azië ($721,8).

De groei van de handel in Oost-Azië bedroeg 4.8% in de jaren 1990, en was vergelijkbaar met Polen (4,8%), Indonesië (4,8%). De groei van de handel in Oost-Azië (4,8%) was groter dan de groei van de handel in de wereld (3,5%), was minder dan de groei van de handel in Azië (4,9%).

Vergelijking met subregio's. De waarde van de handel in Oost-Azië was groter dan in Zuidoost-Azië (US$105,8 miljard), in Zuidwest-Azië (US$81,4 miljard), in Zuid-Azië (US$68,4 miljard) en in Centraal-Azië (US$4,7 miljard). De toegevoegde waarde van de handel per hoofd in Oost-Azië was in Oost-Azië groter dan in Zuidwest-Azië (US$494,6), in Zuidoost-Azië (US$219,8), in Centraal-Azië (US$89,9) en in Zuid-Azië (US$52,2). De groei van de handel in Oost-Azië was groter dan in Zuidwest-Azië (4,7%) en in Centraal-Azië (-3,5%); maar minder dan in Zuid-Azië (5,5%) en in Zuidoost-Azië (5,1%).

Leiders. De waarde van de handel in Oost-Azië in de jaren 1990 bestond uit: Japan (78,6%), China (7,9%), Zuid-Korea (5,5%), Hongkong (3,4%), Macau (0,051%), en andere (4,5%). Het aandeel van de handel in economie van de leiders: Hongkong (24,1%), Japan (16,5%), Zuid-Korea (12,4%), China (10,0%) en Macau (9,4%). De toegevoegde waarde van de handel per hoofd in Oost-Azië onder de leiders: Japan ($5.656,5), Hongkong ($5.125,8), Macau ($1.210,5), Zuid-Korea ($1.111,2) en China ($58,1). De groei van de handel onder de leiders: China (7,7%), Zuid-Korea (5,8%), Japan (3,8%), Hongkong (3,2%) en Macau (-0,013%).

de jaren 2000

De handel van Oost-Azië bedroeg in de jaren 2000 US$1,2 biljoen per jaar. Het aandeel in de wereld was 19,2%, en 71,3% in Azië.

Het aandeel van de handel in de economie van Oost-Azië was 14,4% in de jaren 2000, en was vergelijkbaar met Cambodja (14,5%), de Wereld (14,5%), Ghana (14,6%).

De toegevoegde waarde van de handel per hoofd in Oost-Azië was $792,8 in de jaren 2000s, en was vergelijkbaar met Saint Vincent en de Grenadines (US$786,0), Maleisië (US$806,3). De toegevoegde waarde van de handel per hoofd in Oost-Azië was 19,9% lager dan de handel per hoofd van de bevolking in de wereld ($990,3), en was 80,7% hoger dan de handel per hoofd van de bevolking in Azië ($990,3).

De groei van de handel in Oost-Azië bedroeg 3.8% in de jaren 2000, en was vergelijkbaar met Zweden (3,8%), Libanon (3,8%). De groei van de handel in Oost-Azië (3,8%) was groter dan de groei van de handel in de wereld (2,7%), was minder dan de groei van de handel in Azië (4,5%).

Vergelijking met subregio's. De sector van de handel in Oost-Azië was groter dan in Zuidoost-Azië (US$175,2 miljard), in Zuidwest-Azië (US$167,0 miljard), in Zuid-Azië (US$144,6 miljard) en in Centraal-Azië (US$11,3 miljard). De sector van de handel per hoofd in Oost-Azië was in Oost-Azië groter dan in Zuidoost-Azië (US$314,3), in Centraal-Azië (US$194,5) en in Zuid-Azië (US$91,8); maar minder dan in Zuidwest-Azië (US$818,4). De groei van de handel in Oost-Azië was minder dan in Centraal-Azië (8,5%), in Zuid-Azië (6,1%), in Zuidwest-Azië (5,8%) en in Zuidoost-Azië (5,5%).

Leiders. De waarde van de handel in Oost-Azië in de jaren 2000 bestond uit: Japan (62,4%), China (21,2%), Zuid-Korea (6,9%), Hongkong (3,9%), Macau (0,082%), en andere (5,5%). Het aandeel van de handel in economie van de leiders: Hongkong (26,7%), Japan (16,5%), Zuid-Korea (11,2%), Macau (10,8%) en China (10,1%). De waarde van de handel per hoofd in Oost-Azië onder de leiders:

Hongkong ($7.071,0), Japan ($6.021,3), Macau ($2.113,5), Zuid-Korea ($1.754,9) en China ($197,5). De groei van de handel onder de leiders: China (11,9%), Macau (11,8%), Hongkong (6,1%), Zuid-Korea (2,6%) en Japan (-0,77%).

de jaren 2010

De sector van de handel in Oost-Azië bedroeg in de jaren 2010 US$2,4 biljoen per jaar. Het aandeel in de wereld was 22,7%, en 66,0% in Azië.

Het aandeel van de handel in de economie van Oost-Azië was 13,3% in de jaren 2010, en was vergelijkbaar met Algerije (13,3%), het Verenigd Koninkrijk (13,4%), Costa Rica (13,4%).

De handel per hoofd in Oost-Azië was $1.455,8 in de jaren 2010s, en was vergelijkbaar met de Caraïben (US$1.454,7), de Wereld (US$1.436,8), Hongarije (US$1.435,0). De waarde van de handel per hoofd in Oost-Azië was 1,3% hoger dan de handel per hoofd van de bevolking in de wereld ($1.436,8), en was 77,3% hoger dan de handel per hoofd van de bevolking in Azië ($1.436,8).

De groei van de handel in Oost-Azië bedroeg 5.3% in de jaren 2010. De groei van de handel in Oost-Azië (5,3%) was groter dan de groei van de handel in de wereld (3,3%), was minder dan de groei van de handel in Azië (5,6%).

Vergelijking met subregio's. De handel van Oost-Azië was 5,3 keer groter dan in Zuidoost-Azië (US$451,0 miljard), 6,2 keer groter dan in Zuid-Azië (US$384,7 miljard), 6,7 keer groter dan in Zuidwest-Azië (US$356,9 miljard) en 60,6 keer groter dan in Centraal-Azië (US$39,4 miljard). De toegevoegde waarde van de handel per hoofd in Oost-Azië was in Oost-Azië3,8% groter dan in Zuidwest-Azië (US$1.402,8), 2,0 keer groter dan in Zuidoost-Azië (US$715,8), 2,5 keer groter dan in Centraal-Azië (US$579,9) en 6,9 keer groter dan in Zuid-Azië (US$211,8). De groei van de handel in Oost-Azië was groter dan in Zuidwest-Azië (5,0%); maar minder dan in Centraal-Azië (7,9%), in Zuid-Azië (7,0%) en in Zuidoost-Azië (5,9%).

Leiders. De waarde van de handel in Oost-Azië in de jaren 2010 bestond uit: China (50,0%), Japan (36,4%), Zuid-Korea (5,9%), Hongkong (3,2%), Macau (0,20%), en andere (4,2%). Het aandeel van de handel in economie van de leiders: Hongkong (26,3%), Japan (16,7%), Macau (15,1%), China (11,4%) en Zuid-Korea (10,7%). De waarde van de handel per hoofd in Oost-Azië onder de leiders: Hongkong ($10.686,2), Macau ($8.110,3), Japan ($6.797,1), Zuid-Korea ($2.806,5) en China ($851,7). De groei van de handel onder de leiders: Macau (9,6%), China (8,9%), Zuid-Korea (3,1%), Hongkong (3,1%) en Japan (0,77%).

Hoofdstuk IX. Diensten

(ISIC J-P)

De toegevoegde waarde van de diensten in Oost-Azië steeg van US$187,1 miljard per jaar in de jaren 1970 tot US$6,8 biljoen per jaar in de jaren 2010, dat wil zeggen met US$6,6 biljoen of 36,1 keer. De verandering vond plaats op US$5,2 biljoen als gevolg van een 4,5-voudige stijging van de prijzen, en ook op US$1,2 biljoen als gevolg van een 5,4-voudige toename van de productiviteit , evenals op US$93,0 miljard als gevolg van de toename van de bevolking. De gemiddelde jaarlijkse groei van de diensten is 5,5%. De minimumwaarde van de diensten bedroeg US$67,0 miljard in 1970. De maximumwaarde van de diensten bedroeg US$8,7 biljoen in 2019.

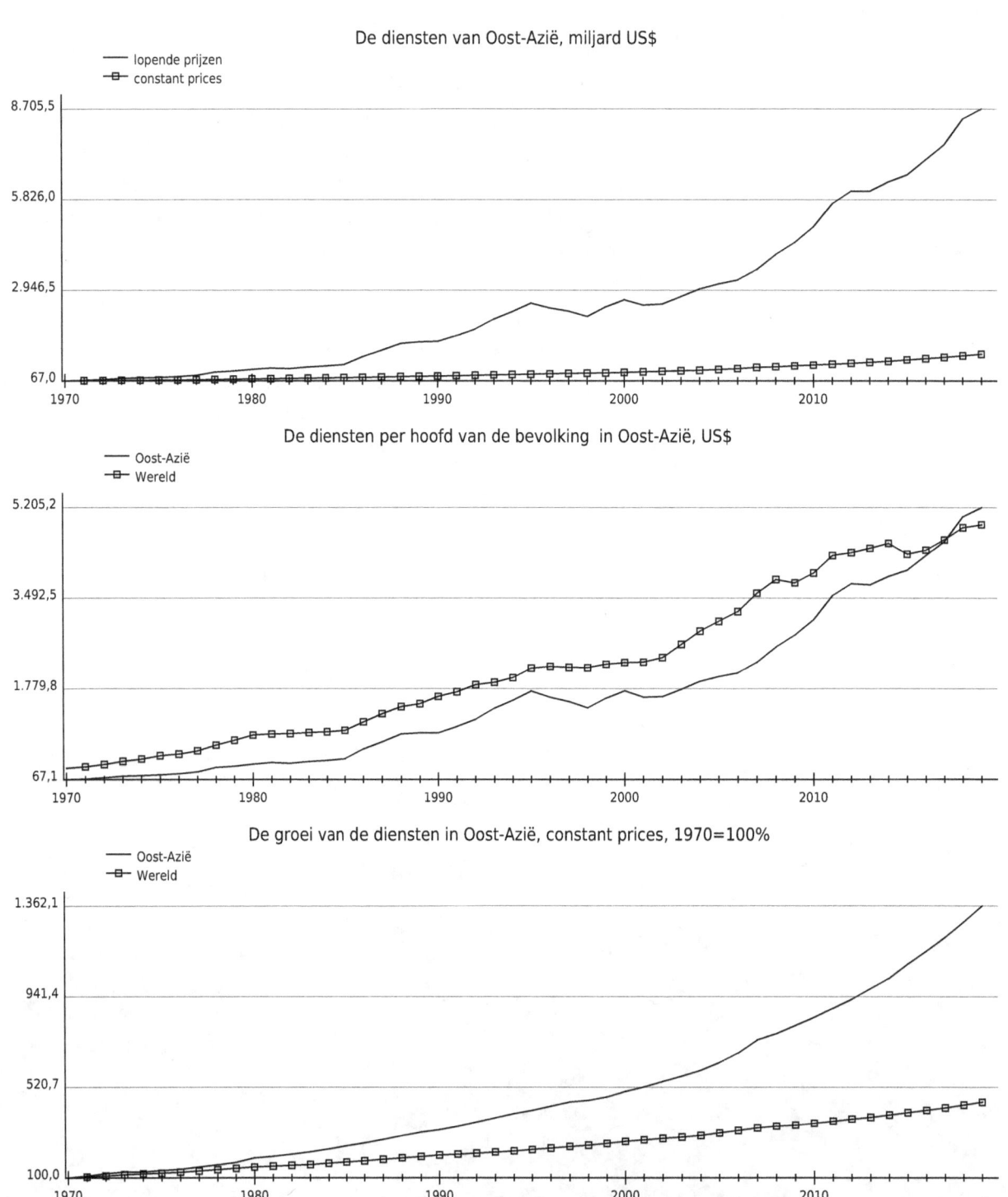

De diensten van Oost-Azië, miljard US$

De diensten per hoofd van de bevolking in Oost-Azië, US$

De groei van de diensten in Oost-Azië, constant prices, 1970=100%

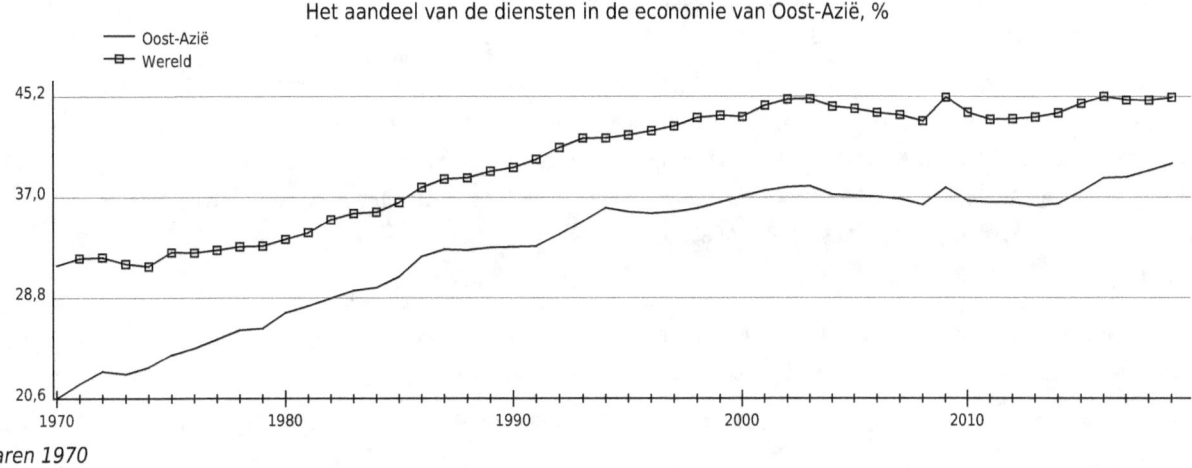

Het aandeel van de diensten in de economie van Oost-Azië, %

— Oost-Azië
—□— Wereld

de jaren 1970

De diensten van Oost-Azië bedroegen in de jaren 1970 US$187,1 miljard per jaar. Het aandeel in de wereld was 9,1%, en 66,3% in Azië.

Het aandeel van de diensten in de economie van Oost-Azië was 24,6% in de jaren 1970, en was vergelijkbaar met Tonga (24,6%), Portugal (24,6%), de Salomonseilanden (24,5%).

De toegevoegde waarde van de diensten per hoofd in Oost-Azië was $170,8 in de jaren 1970s, en was vergelijkbaar met Maleisië (US$171,9), Mauritius (US$169,3), Guatemala (US$172,7). De waarde van de diensten per hoofd in Oost-Azië was in 3,0 keer lager dan de diensten per hoofd van de bevolking in de wereld ($506,9), en was 40,5% hoger dan de diensten per hoofd van de bevolking in Azië ($506,9).

De groei van de diensten in Oost-Azië bedroeg 6.1% in de jaren 1970, en was vergelijkbaar met Singapore (6,1%), de Maldiven (6,1%). De groei van de diensten in Oost-Azië (6,1%) was groter dan de groei van de diensten in de wereld (4,1%), was minder dan de groei van de diensten in Azië (6,5%).

Vergelijking met subregio's. De toegevoegde waarde van de diensten in Oost-Azië was groter dan in Zuid-Azië (US$41,4 miljard), in Zuidwest-Azië (US$37,7 miljard) en in Zuidoost-Azië (US$16,0 miljard). De waarde van de diensten per hoofd in Oost-Azië was in Oost-Azië groter dan in Zuidoost-Azië (US$50,8) en in Zuid-Azië (US$50,1); maar minder dan in Zuidwest-Azië (US$446,5). De groei van de diensten in Oost-Azië was minder dan in Zuid-Azië (8,3%), in Zuidwest-Azië (7,2%) en in Zuidoost-Azië (6,8%).

Leiders. De diensten van Oost-Azië in de jaren 1970 bestonden uit: Japan (82,2%), China (9,5%), Zuid-Korea (2,6%), Hongkong (2,5%), Noord-Korea (0,92%), en andere (2,2%). Het aandeel van de diensten in economie van de leiders: Hongkong (43,8%), Japan (28,2%), Noord-Korea (23,2%), Zuid-Korea (20,0%) en China (11,4%). De waarde van de diensten per hoofd in Oost-Azië onder de leiders: Japan ($1.381,3), Hongkong ($1.106,9), Zuid-Korea ($140,3), Noord-Korea ($121,8) en China ($19,5). De groei van de diensten onder de leiders: Hongkong (9,0%), Noord-Korea (7,6%), Zuid-Korea (7,5%), Japan (5,9%) en China (5,5%).

de jaren 1980

De toegevoegde waarde van de diensten in Oost-Azië bedroeg in de jaren 1980 US$737,5 miljard per jaar. Het aandeel in de wereld was 13,7%, en 74,0% in Azië.

Het aandeel van de diensten in de economie van Oost-Azië was 31,1% in de jaren 1980, en was vergelijkbaar met Qatar (31,2%), Gabon (31,3%).

De sector van de diensten per hoofd in Oost-Azië was $577,2 in de jaren 1980s, en was vergelijkbaar met de FS van Micronesië (US$574,6), Melanesië (US$580,7), Centraal-Amerika (US$591,5). De toegevoegde waarde van de diensten per hoofd in Oost-Azië was 48,3% lager dan de diensten per hoofd van de bevolking in de wereld ($1.115,5), en was 64,2% hoger dan de diensten per hoofd van de bevolking in Azië ($1.115,5).

De groei van de diensten in Oost-Azië bedroeg 6.3% in de jaren 1980. De groei van de diensten in Oost-Azië (6,3%) was groter dan de groei van de diensten in de wereld (3,3%), was groter dan de groei van de diensten in Azië (5,3%).

Vergelijking met subregio's. De waarde van de diensten in Oost-Azië was groter dan in Zuidwest-Azië (US$109,3 miljard), in Zuid-Azië (US$99,5 miljard) en in Zuidoost-Azië (US$50,9 miljard). De diensten per hoofd in Oost-Azië waren in Oost-Azië groter dan in

Zuidoost-Azië (US$128,3) en in Zuid-Azië (US$94,8); maar minder dan in Zuidwest-Azië (US$961,8). De groei van de diensten in Oost-Azië was groter dan in Zuidwest-Azië (3,1%) en in Zuid-Azië (1,2%); maar minder dan in Zuidoost-Azië (6,5%).

Leiders. De diensten van Oost-Azië in de jaren 1980 bestonden uit: Japan (84,1%), China (6,4%), Zuid-Korea (3,9%), Hongkong (2,3%), Noord-Korea (0,40%), en andere (2,9%). Het aandeel van de diensten in economie van de leiders: Hongkong (42,1%), Japan (34,4%), Zuid-Korea (26,4%), Noord-Korea (23,2%) en China (14,3%). De diensten per hoofd in Oost-Azië onder de leiders: Japan ($5.111,4), Hongkong ($3.162,8), Zuid-Korea ($715,3), Noord-Korea ($176,5) en China ($44,1). De groei van de diensten onder de leiders: China (13,7%), Zuid-Korea (9,4%), Hongkong (7,0%), Japan (4,8%) en Noord-Korea (2,8%).

de jaren 1990

De toegevoegde waarde van de diensten in Oost-Azië bedroeg in de jaren 1990 US$2,1 biljoen per jaar, en was vergelijkbaar met West-Europa (US$2,0 biljoen). Het aandeel in de wereld was 17,9%, en 81,0% in Azië.

Het aandeel van de diensten in de economie van Oost-Azië was 35,3% in de jaren 1990, en was vergelijkbaar met de Caraïben (35,5%).

De toegevoegde waarde van de diensten per hoofd Oost-Azië was $1.411,7 in de jaren 1990s, en was vergelijkbaar met Hongarije (US$1.408,7), Tsjechië (US$1.439,7). De diensten per hoofd in Oost-Azië waren 29,9% lager dan de diensten per hoofd van de bevolking in de wereld ($2.014,6), en waren 92,6% hoger dan de diensten per hoofd van de bevolking in Azië ($2.014,6).

De groei van de diensten in Oost-Azië bedroeg 4.3% in de jaren 1990, en was vergelijkbaar met Bangladesh (4,2%), Koeweit (4,3%), Burkina Faso (4,3%). De groei van de diensten in Oost-Azië (4,3%) was groter dan de groei van de diensten in de wereld (2,7%), was minder dan de groei van de diensten in Azië (4,5%).

Vergelijking met subregio's. De toegevoegde waarde van de diensten in Oost-Azië was groter dan in Zuidwest-Azië (US$191,4 miljard), in Zuid-Azië (US$141,2 miljard), in Zuidoost-Azië (US$139,8 miljard) en in Centraal-Azië (US$11,0 miljard). De diensten per hoofd in Oost-Azië waren in Oost-Azië groter dan in Zuidwest-Azië (US$1.163,8), in Zuidoost-Azië (US$290,4), in Centraal-Azië (US$208,7) en in Zuid-Azië (US$107,8). De groei van de diensten in Oost-Azië was groter dan in Zuidwest-Azië (3,8%) en in Centraal-Azië (-4,1%); maar minder dan in Zuid-Azië (6,1%) en in Zuidoost-Azië (5,0%).

Leiders. De waarde van de diensten in Oost-Azië in de jaren 1990 bestond uit: Japan (78,6%), Zuid-Korea (6,8%), China (6,7%), Hongkong (3,2%), Macau (0,17%), en andere (4,5%). Het aandeel van de diensten in economie van de leiders: Macau (69,4%), Hongkong (50,3%), Japan (37,5%), Zuid-Korea (34,5%) en China (19,3%). De waarde van de diensten per hoofd in Oost-Azië onder de leiders: Japan ($12.820,4), Hongkong ($10.712,7), Macau ($8.966,6), Zuid-Korea ($3.101,8) en China ($112,3). De groei van de diensten onder de leiders: China (10,0%), Zuid-Korea (7,1%), Hongkong (6,0%), Macau (2,2%) en Japan (1,7%).

de jaren 2000

De sector van de diensten in Oost-Azië bedroeg in de jaren 2000 US$3,2 biljoen per jaar. Het aandeel in de wereld was 16,3%, en 75,3% in Azië.

Het aandeel van de diensten in de economie van Oost-Azië was 37,2% in de jaren 2000, en was vergelijkbaar met de Caraïben (37,3%), Bulgarije (37,2%), Antigua en Barbuda (37,4%).

De diensten per hoofd in Oost-Azië waren $2.046,1 in de jaren 2000s, en waren vergelijkbaar met de Caraïben (US$2,0 duizend), Argentinië (US$2,0 duizend), Panama (US$2,0 duizend). De toegevoegde waarde van de diensten per hoofd in Oost-Azië was 32,0% lager dan de diensten per hoofd van de bevolking in de wereld ($3.011,2), en was 90,9% hoger dan de diensten per hoofd van de bevolking in Azië ($3.011,2).

De groei van de diensten in Oost-Azië bedroeg 5.4% in de jaren 2000, en was vergelijkbaar met Azië (5,5%). De groei van de diensten in Oost-Azië (5,4%) was groter dan de groei van de diensten in de wereld (2,9%), was minder dan de groei van de diensten in Azië (5,5%).

Vergelijking met subregio's. De waarde van de diensten in Oost-Azië was groter dan in Zuidwest-Azië (US$423,3 miljard), in Zuid-Azië (US$354,0 miljard), in Zuidoost-Azië (US$243,4 miljard) en in Centraal-Azië (US$25,3 miljard). De diensten per hoofd in Oost-Azië waren in Oost-Azië groter dan in Zuidoost-Azië (US$436,6), in Centraal-Azië (US$434,4) en in Zuid-Azië (US$224,8); maar minder dan in Zuidwest-Azië (US$2,1 duizend). De groei van de diensten in Oost-Azië was groter dan in Zuidoost-Azië (5,3%) en in Zuidwest-Azië (5,0%); maar minder dan in Centraal-Azië (7,3%) en in Zuid-Azië (6,1%).

Leiders. De diensten van Oost-Azië in de jaren 2000 bestonden uit: Japan (61,5%), China (21,5%), Zuid-Korea (9,4%), Hongkong (3,0%), Macau (0,20%), en andere (4,4%). Het aandeel van de diensten in economie van de leiders: Macau (69,9%), Hongkong (53,3%), Japan (42,1%), Zuid-Korea (39,5%) en China (26,5%). De diensten per hoofd in Oost-Azië onder de leiders: Japan ($15.302,2), Hongkong ($14.148,8), Macau ($13.641,8), Zuid-Korea ($6.190,4) en China ($517,4). De groei van de diensten onder de leiders: China (11,6%), Macau (8,4%), Zuid-Korea (4,8%), Hongkong (3,6%) en Japan (1,2%).

de jaren 2010

De toegevoegde waarde van de diensten in Oost-Azië bedroeg in de jaren 2010 US$6,8 biljoen per jaar. Het aandeel in de wereld was 20,6%, en 71,8% in Azië.

Het aandeel van de diensten in de economie van Oost-Azië was 37,8% in de jaren 2010, en was vergelijkbaar met Bosnië en Herzegovina (37,8%), Botswana (37,8%), Noord-Macedonië (37,9%).

De diensten per hoofd in Oost-Azië waren $4.123,3 in de jaren 2010s, en waren vergelijkbaar met Polen (US$4,2 duizend), Grenada (US$4,0 duizend), Panama (US$4,0 duizend). De sector van de diensten per hoofd in Oost-Azië was 7,7% lager dan de diensten per hoofd van de bevolking in de wereld ($4.467,8), en was 92,9% hoger dan de diensten per hoofd van de bevolking in Azië ($4.467,8).

De groei van de diensten in Oost-Azië bedroeg 5.4% in de jaren 2010, en was vergelijkbaar met Azië (5,4%), Malawi (5,4%). De groei van de diensten in Oost-Azië (5,4%) was groter dan de groei van de diensten in de wereld (2,7%), was groter dan de groei van de diensten in Azië (5,4%).

Vergelijking met subregio's. De toegevoegde waarde van de diensten in Oost-Azië was 6,9 keer groter dan in Zuid-Azië (US$981,2 miljard), 7,0 keer groter dan in Zuidwest-Azië (US$971,0 miljard), 10,6 keer groter dan in Zuidoost-Azië (US$635,2 miljard) en 91,5 keer groter dan in Centraal-Azië (US$73,9 miljard). De toegevoegde waarde van de diensten per hoofd in Oost-Azië was in Oost-Azië 8,0% groter dan in Zuidwest-Azië (US$3,8 duizend), 3,8 keer groter dan in Centraal-Azië (US$1.087,7), 4,1 keer groter dan in Zuidoost-Azië (US$1.008,0) en 7,6 keer groter dan in Zuid-Azië (US$540,2). De groei van de diensten in Oost-Azië was groter dan in Centraal-Azië (5,1%) en in Zuidwest-Azië (4,0%); maar minder dan in Zuid-Azië (6,8%) en in Zuidoost-Azië (5,5%).

Leiders. De diensten van Oost-Azië in de jaren 2010 bestonden uit: China (52,4%), Japan (33,6%), Zuid-Korea (8,2%), Hongkong (2,5%), Macau (0,35%), en andere (2,9%). Het aandeel van de diensten in economie van de leiders: Macau (74,2%), Hongkong (56,9%), Japan (43,7%), Zuid-Korea (41,8%) en China (33,8%). De toegevoegde waarde van de diensten per hoofd in Oost-Azië onder de leiders: Macau ($39.910,0), Hongkong ($23.100,8), Japan ($17.771,8), Zuid-Korea ($10.949,9) en China ($2.529,2). De groei van de diensten onder de leiders: China (8,4%), Macau (5,0%), Zuid-Korea (3,4%), Hongkong (2,7%) en Japan (0,99%).

Part III. Externe betrekkingen

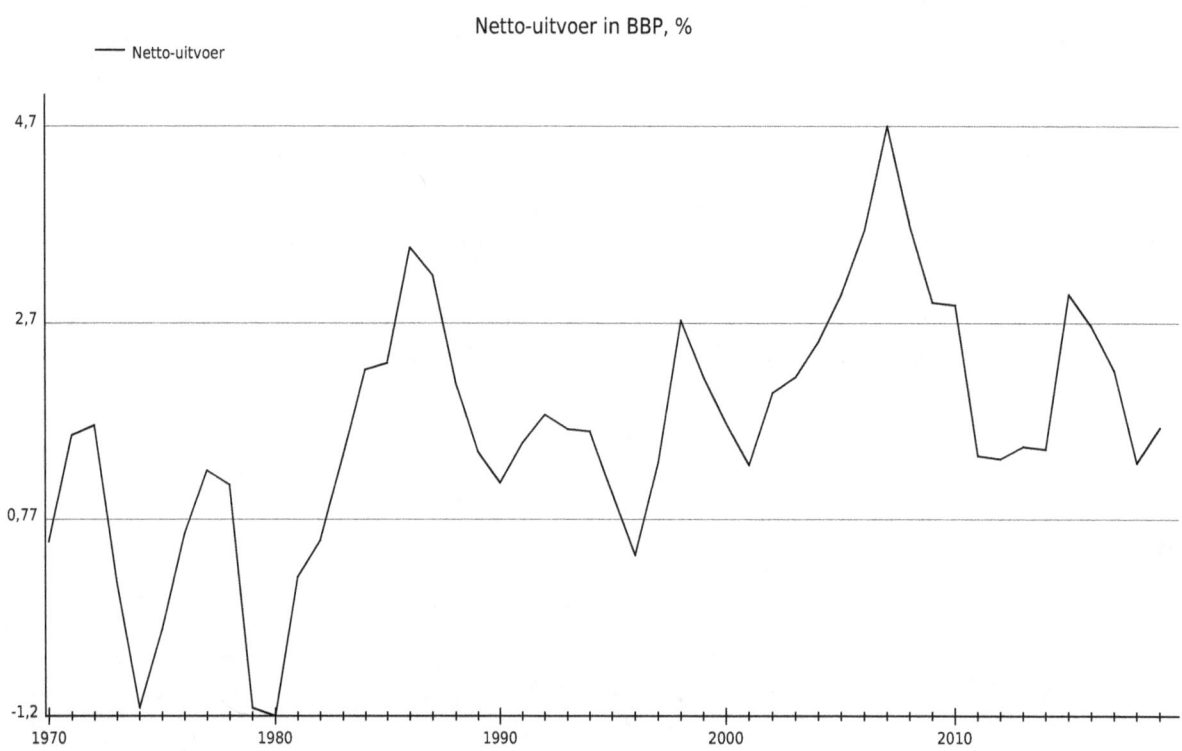

Netto-uitvoer in BBP, %

Hoofdstuk X. Uitvoer

Uitvoer van goederen en diensten

De waarde van de export in Oost-Azië steeg van US$96,5 miljard per jaar in de jaren 1970 tot US$4,8 biljoen per jaar in de jaren 2010, dat wil zeggen met US$4,7 biljoen of 50,2 keer. De verandering vond plaats op US$1,9 biljoen als gevolg van een 1,7-voudige stijging van de prijzen, en ook op US$2,8 biljoen als gevolg van een 20,1-voudige toename van het tarief per hoofd , evenals op US$48,0 miljard als gevolg van de toename van de bevolking. De gemiddelde jaarlijkse groei van de export is 8,6%. De minimumwaarde van de export bedroeg US$31,5 miljard in 1970. De maximumwaarde van de export bedroeg US$5,4 biljoen in 2018.

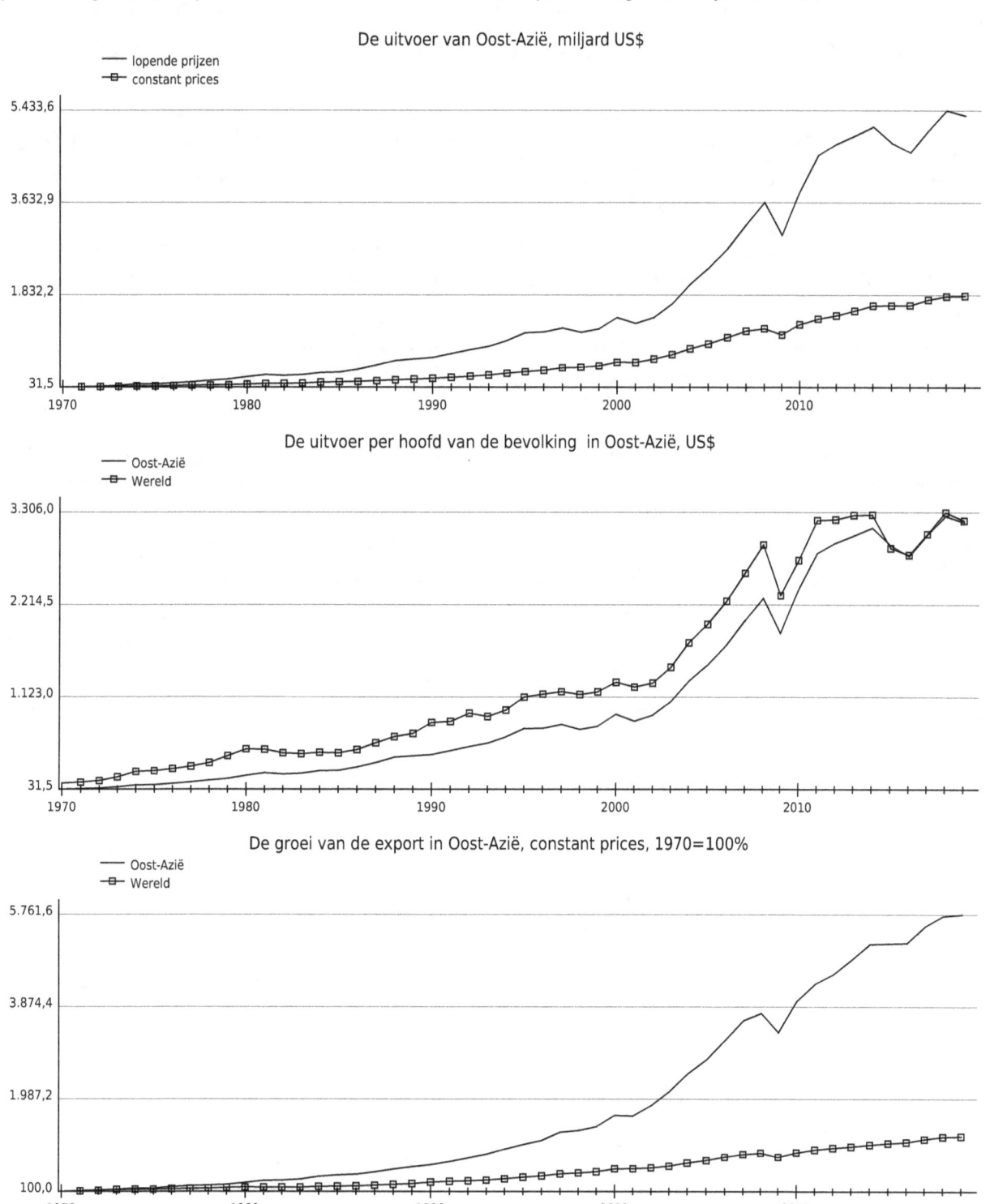

De uitvoer van Oost-Azië, miljard US$

De uitvoer per hoofd van de bevolking in Oost-Azië, US$

De groei van de export in Oost-Azië, constant prices, 1970=100%

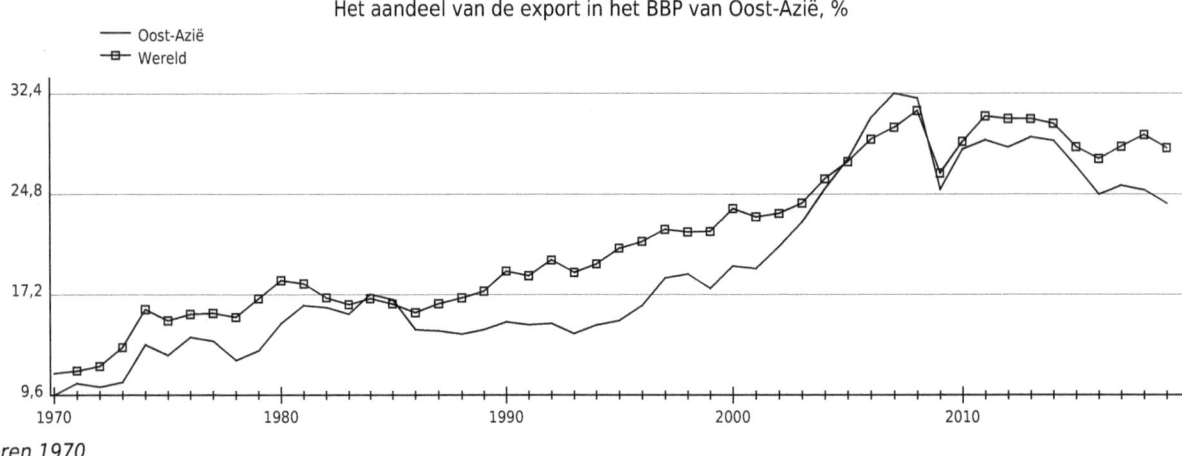

Het aandeel van de export in het BBP van Oost-Azië, %

— Oost-Azië
—□— Wereld

de jaren 1970

De uitvoer van Oost-Azië bedroeg in de jaren 1970 US$96,5 miljard per jaar. Het aandeel in de wereld was 9,9%, en 45,8% in Azië.

Het aandeel van de export in het BBP van Oost-Azië was 12,4% in de jaren 1970, en was vergelijkbaar met Mongolië (12,4%), Palau (12,3%), Burundi (12,3%).

De waarde van de export per hoofd in Oost-Azië was $88,1 in de jaren 1970s. De waarde van de export per hoofd in Oost-Azië was in 2,7 keer lager dan de export per hoofd van de bevolking in de wereld ($242,1), en was 3,0% lager dan de export per hoofd van de bevolking in Azië ($242,1).

De groei van de export in Oost-Azië bedroeg 10.2% in de jaren 1970, en was vergelijkbaar met Guinee-Bissau (10,1%), Malta (10,3%). De groei van de export in Oost-Azië (10,2%) was groter dan de groei van de export in de wereld (6,5%), was groter dan de groei van de export in Azië (7,9%).

Vergelijking met subregio's. De waarde van de export in Oost-Azië was groter dan in Zuidwest-Azië (US$61,3 miljard), in Zuidoost-Azië (US$29,2 miljard) en in Zuid-Azië (US$23,9 miljard). De waarde van de export per hoofd in Oost-Azië was in Oost-Azië groter dan in Zuid-Azië (US$28,9); maar minder dan in Zuidwest-Azië (US$726,2) en in Zuidoost-Azië (US$92,4). De groei van de export in Oost-Azië was groter dan in Zuidwest-Azië (9,6%), in Zuidoost-Azië (9,6%) en in Zuid-Azië (-1,3%).

Leiders. De uitvoer van Oost-Azië in de jaren 1970 bestond uit: Japan (66,4%), Hongkong (10,0%), China (8,2%), Zuid-Korea (6,5%), Macau (0,51%), en andere (8,4%). Het aandeel van de export in BBP van de leiders: Macau (112,9%), Hongkong (86,8%), Zuid-Korea (23,2%), Japan (11,5%) en China (5,1%). De waarde van de export per hoofd in Oost-Azië onder de leiders: Hongkong ($2.277,9), Macau ($2.033,7), Japan ($575,8), Zuid-Korea ($180,6) en China ($8,7). De groei van de export onder de leiders: Zuid-Korea (24,0%), China (15,0%), Japan (8,6%), Hongkong (8,3%) en Macau (7,9%).

de jaren 1980

De waarde van de export in Oost-Azië bedroeg in de jaren 1980 US$365,8 miljard per jaar. Het aandeel in de wereld was 14,3%, en 56,3% in Azië.

Het aandeel van de export in het BBP van Oost-Azië was 15,2% in de jaren 1980, en was vergelijkbaar met Lesotho (15,2%), Palestina (15,3%).

De waarde van de export per hoofd in Oost-Azië was $286,3 in de jaren 1980s, en was vergelijkbaar met Angola (US$286,9). De waarde van de export per hoofd in Oost-Azië was 46,0% lager dan de export per hoofd van de bevolking in de wereld ($529,9), en was 25,0% hoger dan de export per hoofd van de bevolking in Azië ($529,9).

De groei van de export in Oost-Azië bedroeg 9.6% in de jaren 1980, en was vergelijkbaar met Cyprus (9,6%). De groei van de export in Oost-Azië (9,6%) was groter dan de groei van de export in de wereld (3,8%), was groter dan de groei van de export in Azië (4,1%).

Vergelijking met subregio's. De waarde van de export in Oost-Azië was groter dan in Zuidwest-Azië (US$149,6 miljard), in Zuidoost-Azië (US$100,5 miljard) en in Zuid-Azië (US$33,9 miljard). De waarde van de export per hoofd in Oost-Azië was in Oost-Azië groter dan in Zuidoost-Azië (US$253,4) en in Zuid-Azië (US$32,3); maar minder dan in Zuidwest-Azië (US$1.316,5). De groei van de export in Oost-Azië was groter dan in Zuidoost-Azië (6,9%), in Zuid-Azië (0,49%) en in Zuidwest-Azië (-0,88%).

Leiders. De uitvoer van Oost-Azië in de jaren 1980 bestond uit: Japan (57,6%), Hongkong (11,9%), Zuid-Korea (9,9%), China (8,7%), Macau (0,46%), en andere (11,4%). Het aandeel van de export in BBP van de leiders: Macau (109,9%), Hongkong (105,6%), Zuid-Korea (29,9%), Japan (11,6%) en China (9,7%). De waarde van de export per hoofd in Oost-Azië onder de leiders: Hongkong ($8.264,0), Macau ($6.019,4), Japan ($1.736,5), Zuid-Korea ($898,1) en China ($29,7). De groei van de export onder de leiders: China (16,5%), Hongkong (12,8%), Zuid-Korea (11,6%), Macau (7,9%) en Japan (6,7%).

de jaren 1990

De waarde van de export in Oost-Azië bedroeg in de jaren 1990 US$952,3 miljard per jaar. Het aandeel in de wereld was 16,2%, en 60,2% in Azië.

Het aandeel van de export in het BBP van Oost-Azië was 16,2% in de jaren 1990, en was vergelijkbaar met Palestina (16,2%), Turkije (16,3%).

De uitvoer per hoofd in Oost-Azië was $654,0 in de jaren 1990s, en was vergelijkbaar met Turkije (US$656,3), Argentinië (US$648,4), de Marshalleilanden (US$638,3). De uitvoer per hoofd in Oost-Azië was 36,5% lager dan de export per hoofd van de bevolking in de wereld ($1.029,5), en was 43,2% hoger dan de export per hoofd van de bevolking in Azië ($1.029,5).

De groei van de export in Oost-Azië bedroeg 9.1% in de jaren 1990, en was vergelijkbaar met Qatar (9,0%), Costa Rica (9,1%). De groei van de export in Oost-Azië (9,1%) was groter dan de groei van de export in de wereld (6,9%), was groter dan de groei van de export in Azië (8,1%).

Vergelijking met subregio's. De waarde van de export in Oost-Azië was groter dan in Zuidoost-Azië (US$335,4 miljard), in Zuidwest-Azië (US$202,1 miljard), in Zuid-Azië (US$75,6 miljard) en in Centraal-Azië (US$16,9 miljard). De waarde van de export per hoofd in Oost-Azië was in Oost-Azië groter dan in Centraal-Azië (US$320,5) en in Zuid-Azië (US$57,7); maar minder dan in Zuidwest-Azië (US$1.228,5) en in Zuidoost-Azië (US$696,7). De groei van de export in Oost-Azië was groter dan in Zuid-Azië (6,8%), in Zuidwest-Azië (5,2%) en in Centraal-Azië (-5,9%); maar minder dan in Zuidoost-Azië (9,8%).

Leiders. De uitvoer van Oost-Azië in de jaren 1990 bestond uit: Japan (44,0%), Hongkong (16,7%), China (14,0%), Zuid-Korea (12,7%), Macau (0,48%), en andere (12,2%). Het aandeel van de export in BBP van de leiders: Hongkong (118,1%), Macau (78,2%), Zuid-Korea (27,2%), China (18,5%) en Japan (9,7%). De waarde van de export per hoofd in Oost-Azië onder de leiders: Hongkong ($26.074,8), Macau ($11.939,3), Japan ($3.320,8), Zuid-Korea ($2.692,0) en China ($107,8). De groei van de export onder de leiders: China (17,5%), Zuid-Korea (13,5%), Hongkong (7,8%), Japan (4,2%) en Macau (2,2%).

de jaren 2000

De waarde van de export in Oost-Azië bedroeg in de jaren 2000 US$2,3 biljoen per jaar. Het aandeel in de wereld was 18,0%, en 56,7% in Azië.

Het aandeel van de export in het BBP van Oost-Azië was 26,2% in de jaren 2000, en was vergelijkbaar met Sri Lanka (26,3%), Congo-Kinshasa (26,1%), Uruguay (26,1%).

De waarde van de export per hoofd in Oost-Azië was $1.455,3 in de jaren 2000s, en was vergelijkbaar met Tunesië (US$1.448,6), Montenegro (US$1.447,4), Irak (US$1.427,4). De waarde van de export per hoofd in Oost-Azië was 24,7% lager dan de export per hoofd van de bevolking in de wereld ($1.933,7), en was 43,8% hoger dan de export per hoofd van de bevolking in Azië ($1.933,7).

De groei van de export in Oost-Azië bedroeg 8.9% in de jaren 2000, en was vergelijkbaar met de Seychellen (8,8%), Mali (8,9%), Moldavië (8,9%). De groei van de export in Oost-Azië (8,9%) was groter dan de groei van de export in de wereld (4,8%), was groter dan de groei van de export in Azië (7,5%).

Vergelijking met subregio's. De waarde van de export in Oost-Azië was groter dan in Zuidoost-Azië (US$767,6 miljard), in Zuidwest-Azië (US$653,2 miljard), in Zuid-Azië (US$259,8 miljard) en in Centraal-Azië (US$50,0 miljard). De uitvoer per hoofd in Oost-Azië was in Oost-Azië groter dan in Zuidoost-Azië (US$1.376,7), in Centraal-Azië (US$858,1) en in Zuid-Azië (US$165,0); maar minder dan in Zuidwest-Azië (US$3,2 duizend). De groei van de export in Oost-Azië was groter dan in Centraal-Azië (7,7%), in Zuidoost-Azië (6,7%) en in Zuidwest-Azië (3,9%); maar minder dan in Zuid-Azië (9,2%).

Leiders. De uitvoer van Oost-Azië in de jaren 2000 bestond uit: China (34,4%), Japan (27,6%), Zuid-Korea (13,8%), Hongkong (13,4%), Macau (0,47%), en andere (10,3%). Het aandeel van de export in BBP van de leiders: Hongkong (164,2%), Macau (84,2%), Zuid-Korea (37,4%), China (30,1%) en Japan (13,4%). De uitvoer per hoofd in Oost-Azië onder de leiders: Hongkong ($45.100,9), Macau

($22.461,4), Zuid-Korea ($6.469,5), Japan ($4.886,4) en China ($588,1). De groei van de export onder de leiders: China (12,7%), Macau (10,7%), Zuid-Korea (10,0%), Hongkong (7,6%) en Japan (3,5%).

de jaren 2010

De waarde van de export in Oost-Azië bedroeg in de jaren 2010 US$4,8 biljoen per jaar. Het aandeel in de wereld was 21,3%, en 55,9% in Azië.

Het aandeel van de export in het BBP van Oost-Azië was 26,8% in de jaren 2010, en was vergelijkbaar met Noord-Afrika (26,8%), Madagaskar (26,9%), Afrika (27,0%).

De uitvoer per hoofd in Oost-Azië was $2.953,6 in de jaren 2010s, en was vergelijkbaar met Dominica (US$2,9 duizend), Polynesië (US$2,9 duizend), Azerbeidzjan (US$2,9 duizend). De uitvoer per hoofd in Oost-Azië was 4,7% lager dan de export per hoofd van de bevolking in de wereld ($3.098,9), en was 50,4% hoger dan de export per hoofd van de bevolking in Azië ($3.098,9).

De groei van de export in Oost-Azië bedroeg 5.6% in de jaren 2010, en was vergelijkbaar met Botswana (5,6%). De groei van de export in Oost-Azië (5,6%) was groter dan de groei van de export in de wereld (4,4%), was groter dan de groei van de export in Azië (5,3%).

Vergelijking met subregio's. De uitvoer van Oost-Azië was 3,0 keer groter dan in Zuidoost-Azië (US$1,6 biljoen), 3,4 keer groter dan in Zuidwest-Azië (US$1,4 biljoen), 7,3 keer groter dan in Zuid-Azië (US$663,8 miljard) en 41,7 keer groter dan in Centraal-Azië (US$116,3 miljard). De uitvoer per hoofd in Oost-Azië was in Oost-Azië15,8% groter dan in Zuidoost-Azië (US$2,6 duizend), 72,5% groter dan in Centraal-Azië (US$1.711,9) en 8,1 keer groter dan in Zuid-Azië (US$365,5); maar 47,4% minder dan in Zuidwest-Azië (US$5,6 duizend). De groei van de export in Oost-Azië was groter dan in Zuid-Azië (4,2%), in Zuidwest-Azië (4,2%) en in Centraal-Azië (3,9%); maar minder dan in Zuidoost-Azië (5,8%).

Leiders. De uitvoer van Oost-Azië in de jaren 2010 bestond uit: China (47,3%), Japan (17,7%), Zuid-Korea (13,6%), Hongkong (12,3%), Macau (0,81%), en andere (8,2%). Het aandeel van de export in BBP van de leiders: Hongkong (198,9%), Macau (84,3%), Zuid-Korea (45,4%), China (21,8%) en Japan (16,4%). De uitvoer per hoofd in Oost-Azië onder de leiders: Hongkong ($83.279,8), Macau ($66.092,2), Zuid-Korea ($13.025,1), Japan ($6.718,2) en China ($1.635,3). De groei van de export onder de leiders: China (6,8%), Macau (6,5%), Zuid-Korea (5,0%), Japan (4,6%) en Hongkong (3,6%).

Hoofdstuk XI. Invoer

Invoer van goederen en diensten

De waarde van de invoer in Oost-Azië steeg van US$94,2 miljard per jaar in de jaren 1970 tot US$4,5 biljoen per jaar in de jaren 2010, dat wil zeggen met US$4,4 biljoen of 47,7 keer. De verandering vond plaats op US$2,8 biljoen als gevolg van een 2,7-voudige stijging van de prijzen, en ook op US$1,6 biljoen als gevolg van een 12,0-voudige toename van het tarief per hoofd , evenals op US$46,8 miljard als gevolg van de toename van de bevolking. De gemiddelde jaarlijkse groei van de invoer is 7,3%. De minimumwaarde van de invoer bedroeg US$29,7 miljard in 1970. De maximumwaarde van de invoer bedroeg US$5,1 biljoen in 2018.

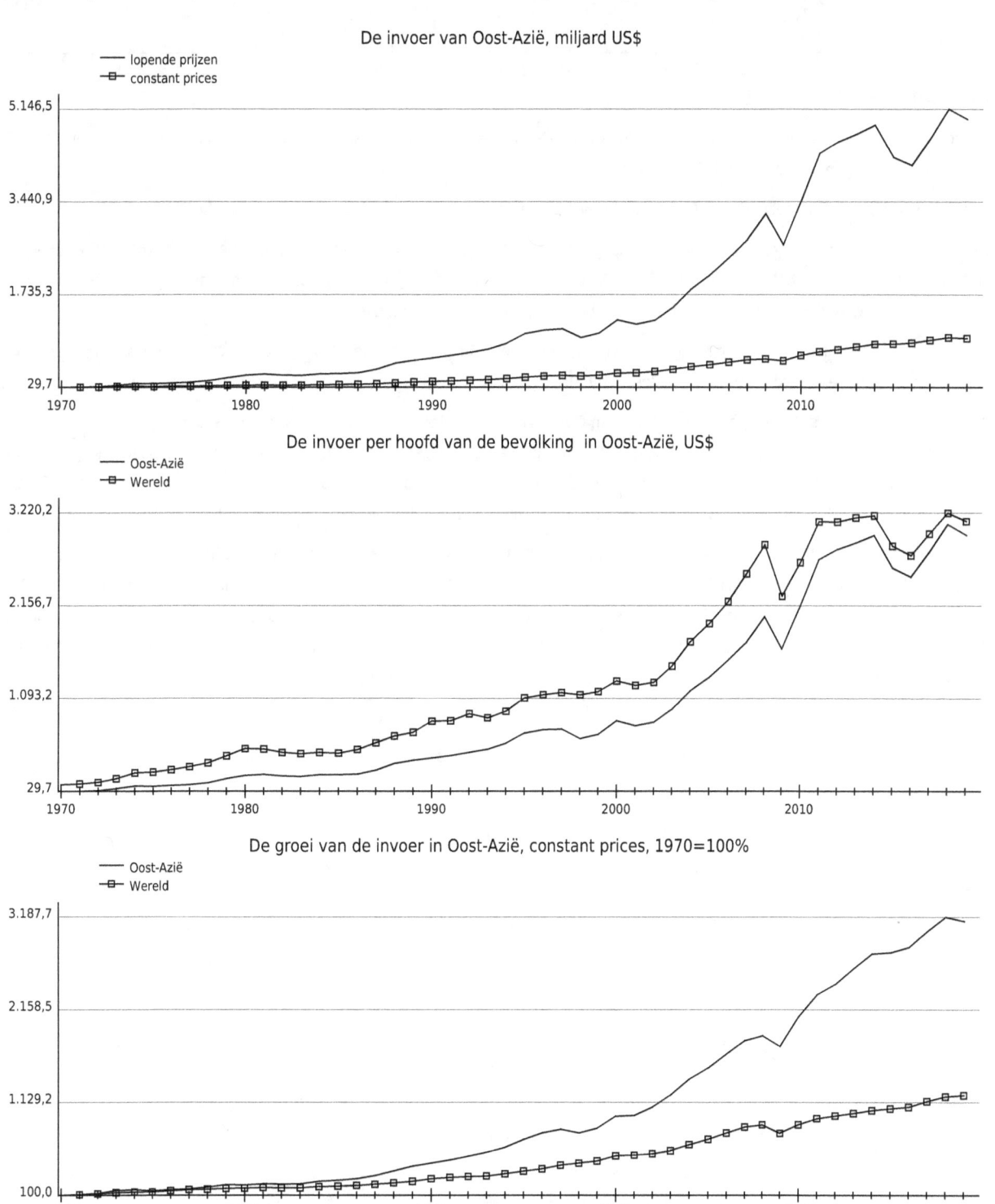

De invoer van Oost-Azië, miljard US$

De invoer per hoofd van de bevolking in Oost-Azië, US$

De groei van de invoer in Oost-Azië, constant prices, 1970=100%

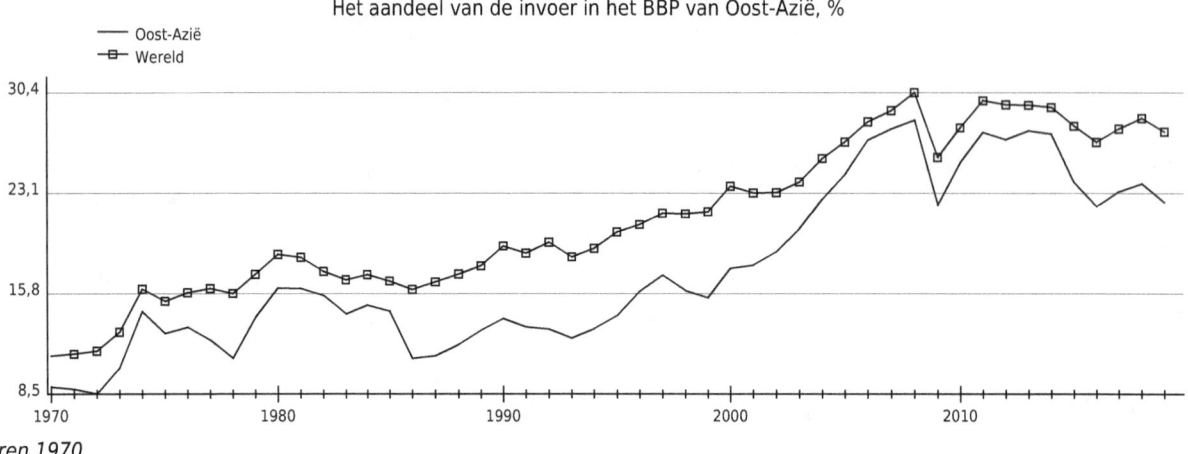

Het aandeel van de invoer in het BBP van Oost-Azië, %

— Oost-Azië
—▣— Wereld

de jaren 1970

De waarde van de invoer in Oost-Azië bedroeg in de jaren 1970 US$94,2 miljard per jaar, en was vergelijkbaar met Duitsland (US$92,5 miljard). Het aandeel in de wereld was 9,6%, en 51,0% in Azië.

Het aandeel van de invoer in het BBP van Oost-Azië was 12,1% in de jaren 1970.

De waarde van de invoer per hoofd in Oost-Azië was $86,0 in de jaren 1970s, en was vergelijkbaar met Thailand (US$86,7), Mongolië (US$84,8), Kenia (US$84,1). De invoer per hoofd in Oost-Azië was in 2,8 keer lager dan de invoer per hoofd van de bevolking in de wereld ($244,3), en was 8,0% hoger dan de invoer per hoofd van de bevolking in Azië ($244,3).

De groei van de invoer in Oost-Azië bedroeg 8.9% in de jaren 1970. De groei van de invoer in Oost-Azië (8,9%) was groter dan de groei van de invoer in de wereld (6,3%), was minder dan de groei van de invoer in Azië (9,6%).

Vergelijking met subregio's. De waarde van de invoer in Oost-Azië was groter dan in Zuidwest-Azië (US$39,5 miljard), in Zuidoost-Azië (US$28,8 miljard) en in Zuid-Azië (US$22,3 miljard). De waarde van de invoer per hoofd in Oost-Azië was in Oost-Azië groter dan in Zuid-Azië (US$27,0); maar minder dan in Zuidwest-Azië (US$468,1) en in Zuidoost-Azië (US$91,2). De groei van de invoer in Oost-Azië was groter dan in Zuid-Azië (8,2%); maar minder dan in Zuidwest-Azië (12,1%) en in Zuidoost-Azië (9,8%).

Leiders. De invoer van Oost-Azië in de jaren 1970 bestond uit: Japan (64,7%), Hongkong (9,6%), Zuid-Korea (8,4%), China (8,3%), Noord-Korea (0,65%), en andere (8,3%). Het aandeel van de invoer in BBP van de leiders: Hongkong (82,0%), Zuid-Korea (28,9%), Japan (10,9%), Noord-Korea (8,3%) en China (5,0%). De waarde van de invoer per hoofd in Oost-Azië onder de leiders: Hongkong ($2.151,7), Japan ($547,6), Zuid-Korea ($225,2), Noord-Korea ($43,5) en China ($8,6). De groei van de invoer onder de leiders: Zuid-Korea (18,3%), China (16,5%), Hongkong (10,0%), Noord-Korea (7,6%) en Japan (7,0%).

de jaren 1980

De waarde van de invoer in Oost-Azië bedroeg in de jaren 1980 US$322,2 miljard per jaar. Het aandeel in de wereld was 12,4%, en 53,6% in Azië.

Het aandeel van de invoer in het BBP van Oost-Azië was 13,4% in de jaren 1980.

De waarde van de invoer per hoofd in Oost-Azië was $252,2 in de jaren 1980s, en was vergelijkbaar met Angola (US$250,5), Zambia (US$257,3), Turkije (US$246,8). De waarde van de invoer per hoofd in Oost-Azië was in 2,1 keer lager dan de invoer per hoofd van de bevolking in de wereld ($539,1), en was 19,0% hoger dan de invoer per hoofd van de bevolking in Azië ($539,1).

De groei van de invoer in Oost-Azië bedroeg 6.9% in de jaren 1980. De groei van de invoer in Oost-Azië (6,9%) was groter dan de groei van de invoer in de wereld (3,8%), was groter dan de groei van de invoer in Azië (4,9%).

Vergelijking met subregio's. De waarde van de invoer in Oost-Azië was groter dan in Zuidwest-Azië (US$130,7 miljard), in Zuidoost-Azië (US$96,3 miljard) en in Zuid-Azië (US$52,0 miljard). De waarde van de invoer per hoofd in Oost-Azië was in Oost-Azië groter dan in Zuidoost-Azië (US$242,9) en in Zuid-Azië (US$49,6); maar minder dan in Zuidwest-Azië (US$1.150,0). De groei van de invoer in Oost-Azië was groter dan in Zuidwest-Azië (3,2%) en in Zuid-Azië (-0,073%); maar minder dan in Zuidoost-Azië (7,1%).

Leiders. De invoer van Oost-Azië in de jaren 1980 bestond uit: Japan (54,6%), Hongkong (12,6%), Zuid-Korea (10,8%), China (10,5%), Macau (0,45%), en andere (11,0%). Het aandeel van de invoer in BBP van de leiders: Hongkong (98,6%), Macau (94,8%), Zuid-Korea

(28,6%), China (10,3%) en Japan (9,7%). De waarde van de invoer per hoofd in Oost-Azië onder de leiders: Hongkong ($7.720,1), Macau ($5.193,6), Japan ($1.450,4), Zuid-Korea ($859,4) en China ($31,7). De groei van de invoer onder de leiders: Hongkong (12,3%), China (10,5%), Macau (8,9%), Zuid-Korea (8,8%) en Japan (4,6%).

de jaren 1990

De waarde van de invoer in Oost-Azië bedroeg in de jaren 1990 US$861,9 miljard per jaar, en was vergelijkbaar met de Verenigde Staten (US$874,1 miljard). Het aandeel in de wereld was 14,9%, en 57,8% in Azië.

Het aandeel van de invoer in het BBP van Oost-Azië was 14,6% in de jaren 1990.

De waarde van de invoer per hoofd in Oost-Azië was $591,9 in de jaren 1990s, en was vergelijkbaar met Congo-Brazzaville (US$589,1), Papoea-Nieuw-Guinea (US$582,4), Noord-Macedonië (US$602,9). De invoer per hoofd in Oost-Azië was 41,7% lager dan de invoer per hoofd van de bevolking in de wereld ($1.015,5), en was 37,6% hoger dan de invoer per hoofd van de bevolking in Azië ($1.015,5).

De groei van de invoer in Oost-Azië bedroeg 7.2% in de jaren 1990, en was vergelijkbaar met Suriname (7,2%), Oman (7,2%), Venezuela (7,3%). De groei van de invoer in Oost-Azië (7,2%) was groter dan de groei van de invoer in de wereld (6,6%), was groter dan de groei van de invoer in Azië (6,8%).

Vergelijking met subregio's. De invoer van Oost-Azië was groter dan in Zuidoost-Azië (US$325,6 miljard), in Zuidwest-Azië (US$197,4 miljard), in Zuid-Azië (US$85,4 miljard) en in Centraal-Azië (US$20,0 miljard). De invoer per hoofd in Oost-Azië was in Oost-Azië groter dan in Centraal-Azië (US$378,9) en in Zuid-Azië (US$65,2); maar minder dan in Zuidwest-Azië (US$1.199,8) en in Zuidoost-Azië (US$676,3). De groei van de invoer in Oost-Azië was groter dan in Zuidwest-Azië (4,3%), in Zuid-Azië (4,2%) en in Centraal-Azië (-12,2%); maar minder dan in Zuidoost-Azië (8,9%).

Leiders. De invoer van Oost-Azië in de jaren 1990 bestond uit: Japan (41,3%), Hongkong (18,1%), Zuid-Korea (13,8%), China (13,5%), Macau (0,39%), en andere (13,0%). Het aandeel van de invoer in BBP van de leiders: Hongkong (116,5%), Macau (57,1%), Zuid-Korea (26,6%), China (16,2%) en Japan (8,2%). De invoer per hoofd in Oost-Azië onder de leiders: Hongkong ($25.706,7), Macau ($8.724,4), Japan ($2.822,9), Zuid-Korea ($2.634,7) en China ($94,0). De groei van de invoer onder de leiders: China (16,0%), Zuid-Korea (9,8%), Hongkong (8,7%), Japan (3,3%) en Macau (3,2%).

de jaren 2000

De waarde van de invoer in Oost-Azië bedroeg in de jaren 2000 US$2,0 biljoen per jaar. Het aandeel in de wereld was 16,3%, en 56,8% in Azië.

Het aandeel van de invoer in het BBP van Oost-Azië was 23,3% in de jaren 2000, en was vergelijkbaar met Oceanië (23,4%).

De waarde van de invoer per hoofd in Oost-Azië was $1.294,0 in de jaren 2000s, en was vergelijkbaar met Samoa (US$1.326,9). De waarde van de invoer per hoofd in Oost-Azië was 31,9% lager dan de invoer per hoofd van de bevolking in de wereld ($1.899,9), en was 44,1% hoger dan de invoer per hoofd van de bevolking in Azië ($1.899,9).

De groei van de invoer in Oost-Azië bedroeg 7.6% in de jaren 2000, en was vergelijkbaar met Kirgizië (7,5%), Afrika (7,6%), Sao Tomé en Principe (7,6%). De groei van de invoer in Oost-Azië (7,6%) was groter dan de groei van de invoer in de wereld (5,1%), was minder dan de groei van de invoer in Azië (7,8%).

Vergelijking met subregio's. De invoer van Oost-Azië was groter dan in Zuidoost-Azië (US$684,8 miljard), in Zuidwest-Azië (US$514,1 miljard), in Zuid-Azië (US$293,2 miljard) en in Centraal-Azië (US$41,0 miljard). De waarde van de invoer per hoofd in Oost-Azië was in Oost-Azië groter dan in Zuidoost-Azië (US$1.228,2), in Centraal-Azië (US$703,4) en in Zuid-Azië (US$186,2); maar minder dan in Zuidwest-Azië (US$2,5 duizend). De groei van de invoer in Oost-Azië was groter dan in Zuidwest-Azië (7,5%), in Zuidoost-Azië (7,1%) en in Centraal-Azië (5,7%); maar minder dan in Zuid-Azië (10,5%).

Leiders. De invoer van Oost-Azië in de jaren 2000 bestond uit: China (31,8%), Japan (28,1%), Zuid-Korea (14,9%), Hongkong (14,3%), Macau (0,32%), en andere (10,7%). Het aandeel van de invoer in BBP van de leiders: Hongkong (155,4%), Macau (50,0%), Zuid-Korea (35,7%), China (24,7%) en Japan (12,1%). De invoer per hoofd in Oost-Azië onder de leiders: Hongkong ($42.676,6), Macau ($13.349,8), Zuid-Korea ($6.181,3), Japan ($4.418,9) en China ($483,3). De groei van de invoer onder de leiders: China (15,1%), Zuid-Korea (8,1%), Hongkong (7,0%), Macau (6,2%) en Japan (1,8%).

de jaren 2010

De waarde van de invoer in Oost-Azië bedroeg in de jaren 2010 US$4,5 biljoen per jaar. Het aandeel in de wereld was 20,3%, en 56,2% in Azië.

Het aandeel van de invoer in het BBP van Oost-Azië was 24,8% in de jaren 2010, en was vergelijkbaar met India (24,7%).

De invoer per hoofd in Oost-Azië was $2.740,7 in de jaren 2010s, en was vergelijkbaar met Tonga (US$2,7 duizend). De invoer per hoofd in Oost-Azië was 9,1% lager dan de invoer per hoofd van de bevolking in de wereld ($3.015,6), en was 51,1% hoger dan de invoer per hoofd van de bevolking in Azië ($3.015,6).

De groei van de invoer in Oost-Azië bedroeg 6% in de jaren 2010, en was vergelijkbaar met Costa Rica (6,0%), Slowakije (6,0%), Centraal-Azië (6,1%). De groei van de invoer in Oost-Azië (6,0%) was groter dan de groei van de invoer in de wereld (4,4%), was groter dan de groei van de invoer in Azië (5,4%).

Vergelijking met subregio's. De invoer van Oost-Azië was 3,0 keer groter dan in Zuidoost-Azië (US$1,5 biljoen), 3,9 keer groter dan in Zuidwest-Azië (US$1,2 biljoen), 5,8 keer groter dan in Zuid-Azië (US$778,2 miljard) en 49,9 keer groter dan in Centraal-Azië (US$90,1 miljard). De waarde van de invoer per hoofd in Oost-Azië was in Oost-Azië16,8% groter dan in Zuidoost-Azië (US$2,3 duizend), 2,1 keer groter dan in Centraal-Azië (US$1.325,8) en 6,4 keer groter dan in Zuid-Azië (US$428,5); maar 39,6% minder dan in Zuidwest-Azië (US$4,5 duizend). De groei van de invoer in Oost-Azië was groter dan in Zuidwest-Azië (4,0%) en in Zuid-Azië (2,5%); maar minder dan in Zuidoost-Azië (6,2%) en in Centraal-Azië (6,1%).

Leiders. De waarde van de invoer in Oost-Azië in de jaren 2010 bestond uit: China (46,0%), Japan (19,5%), Zuid-Korea (13,3%), Hongkong (13,2%), Macau (0,34%), en andere (7,6%). Het aandeel van de invoer in BBP van de leiders: Hongkong (197,2%), Zuid-Korea (41,2%), Macau (33,3%), China (19,7%) en Japan (16,8%). De waarde van de invoer per hoofd in Oost-Azië onder de leiders: Hongkong ($82.557,8), Macau ($26.140,6), Zuid-Korea ($11.797,0), Japan ($6.862,7) en China ($1.475,4). De groei van de invoer onder de leiders: China (8,2%), Macau (7,7%), Zuid-Korea (5,3%), Hongkong (3,9%) en Japan (3,8%).

Part IV. Verbruik

Hoofdstuk XII. Overheidsuitgaven

Consumptie-uitgaven van de overheid

De overheidsuitgaven van Oost-Azië steeg van US$103,3 miljard per jaar in de jaren 1970 tot US$3,1 biljoen per jaar in de jaren 2010, dat wil zeggen met US$3,0 biljoen of 29,6 keer. De verandering vond plaats op US$2,2 biljoen als gevolg van een 3,8-voudige stijging van de prijzen, en ook op US$659,1 miljard als gevolg van een 5,3-voudige toename van het tarief per hoofd , evenals op US$51,3 miljard als gevolg van de toename van de bevolking. De gemiddelde jaarlijkse groei van de overheidsuitgaven is 5,4%. De minimumwaarde van de overheidsuitgaven bedroeg US$35,9 miljard in 1970. De maximumwaarde van de overheidsuitgaven bedroeg US$3,8 biljoen in 2019.

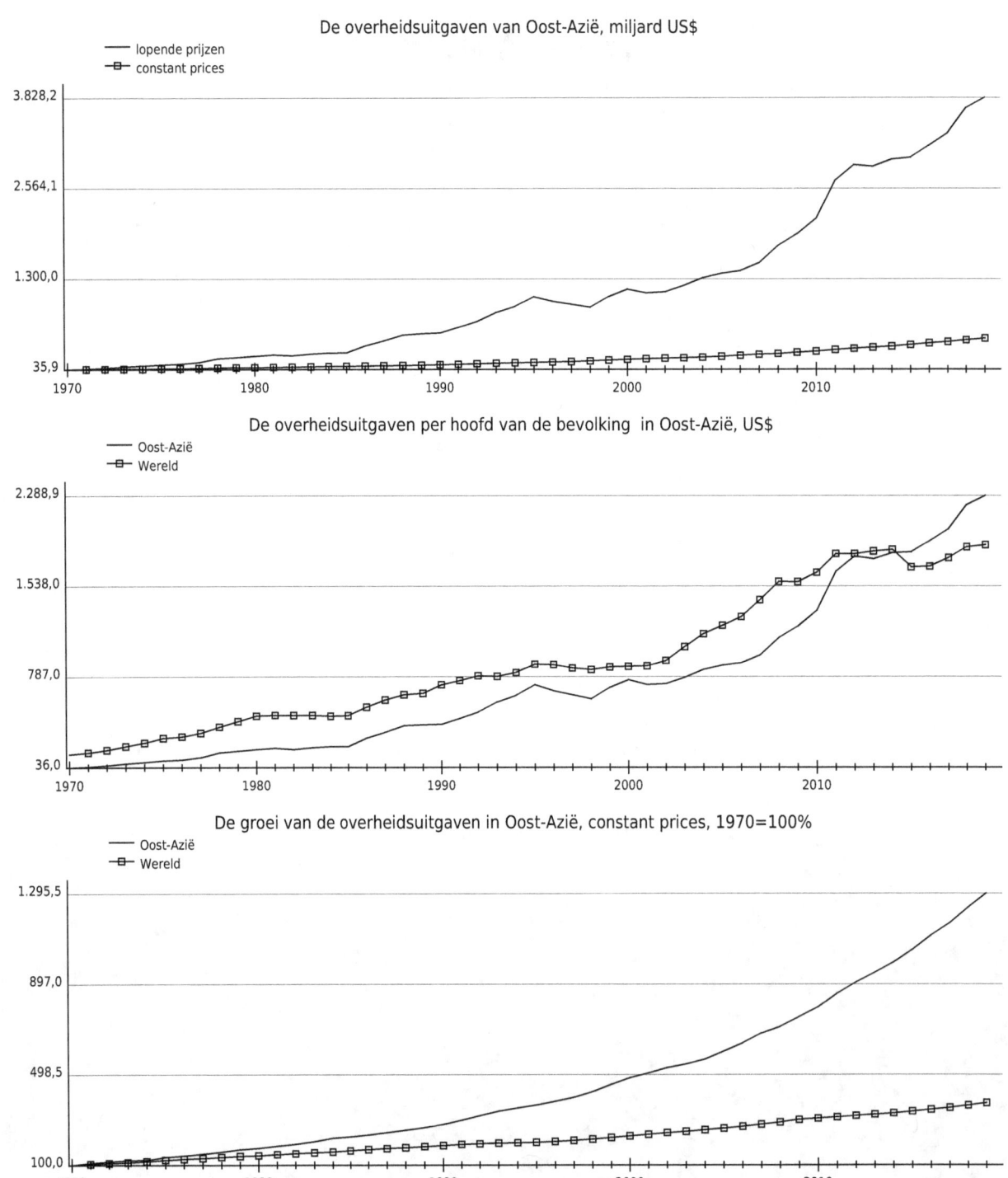

De overheidsuitgaven van Oost-Azië, miljard US$

De overheidsuitgaven per hoofd van de bevolking in Oost-Azië, US$

De groei van de overheidsuitgaven in Oost-Azië, constant prices, 1970=100%

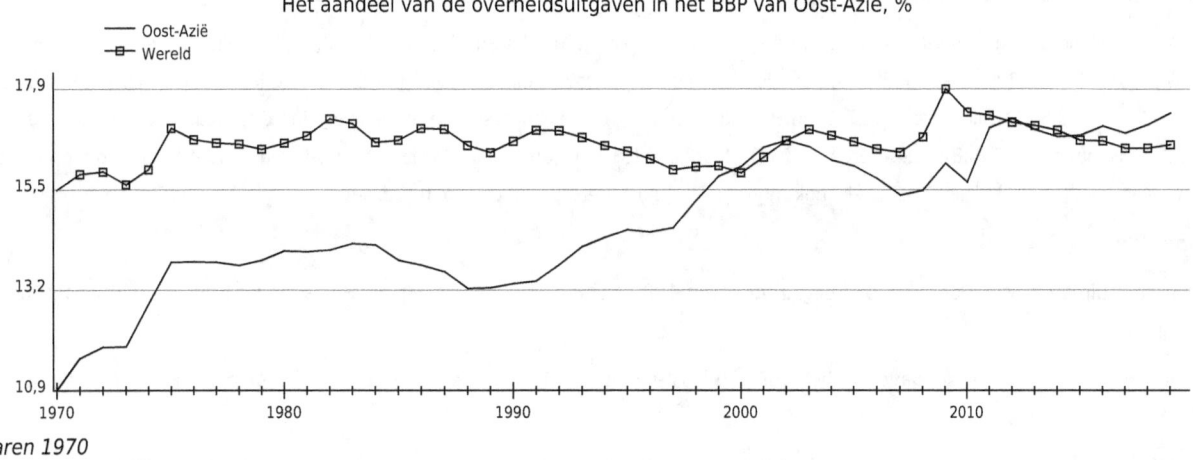

Het aandeel van de overheidsuitgaven in het BBP van Oost-Azië, %

de jaren 1970

De overheidsuitgaven van Oost-Azië bedroeg in de jaren 1970 US$103,3 miljard per jaar. Het aandeel in de wereld was 9,6%, en 64,5% in Azië.

Het aandeel van de overheidsuitgaven in het BBP van Oost-Azië was 13,3% in de jaren 1970, en was vergelijkbaar met Trinidad en Tobago (13,3%), Soedan (13,2%), Algerije (13,2%).

De overheidsuitgaven per hoofd in Oost-Azië was $94,3 in de jaren 1970s, en was vergelijkbaar met Centraal-Afrika (US$95,9), Albanië (US$96,1). De overheidsuitgaven per hoofd in Oost-Azië was in 2,8 keer lager dan de overheidsuitgaven per hoofd van de bevolking in de wereld ($265,2), en was 36,7% hoger dan de overheidsuitgaven per hoofd van de bevolking in Azië ($265,2).

De groei van de overheidsuitgaven in Oost-Azië bedroeg 5.9% in de jaren 1970, en was vergelijkbaar met Pakistan (5,9%). De groei van de overheidsuitgaven in Oost-Azië (5,9%) was groter dan de groei van de overheidsuitgaven in de wereld (3,7%), was minder dan de groei van de overheidsuitgaven in Azië (6,9%).

Vergelijking met subregio's. De overheidsuitgaven van Oost-Azië was groter dan in Zuidwest-Azië (US$25,5 miljard), in Zuid-Azië (US$21,5 miljard) en in Zuidoost-Azië (US$9,8 miljard). De overheidsuitgaven per hoofd in Oost-Azië was in Oost-Azië groter dan in Zuidoost-Azië (US$31,0) en in Zuid-Azië (US$26,0); maar minder dan in Zuidwest-Azië (US$302,2). De groei van de overheidsuitgaven in Oost-Azië was minder dan in Zuid-Azië (9,5%), in Zuidoost-Azië (9,0%) en in Zuidwest-Azië (8,5%).

Leiders. De overheidsuitgaven van Oost-Azië in de jaren 1970 bestond uit: Japan (75,5%), China (18,7%), Zuid-Korea (2,7%), Hongkong (0,60%), Mongolië (0,064%), en andere (2,4%). Het aandeel van de overheidsuitgaven in BBP van de leiders: Mongolië (18,3%), Japan (14,0%), China (12,4%), Zuid-Korea (10,2%) en Hongkong (5,6%). De overheidsuitgaven per hoofd in Oost-Azië onder de leiders: Japan ($700,2), Hongkong ($146,3), Zuid-Korea ($79,0), Mongolië ($45,5) en China ($21,2). De groei van de overheidsuitgaven onder de leiders: China (9,3%), Hongkong (7,8%), Zuid-Korea (5,8%), Japan (5,3%) en Mongolië (4,0%).

de jaren 1980

De overheidsuitgaven van Oost-Azië bedroeg in de jaren 1980 US$330,6 miljard per jaar. Het aandeel in de wereld was 13,1%, en 68,5% in Azië.

Het aandeel van de overheidsuitgaven in het BBP van Oost-Azië was 13,8% in de jaren 1980.

De overheidsuitgaven per hoofd in Oost-Azië was $258,7 in de jaren 1980s, en was vergelijkbaar met Belize (US$264,8). De overheidsuitgaven per hoofd in Oost-Azië was in 2,0 keer lager dan de overheidsuitgaven per hoofd van de bevolking in de wereld ($523,5), en was 52,1% hoger dan de overheidsuitgaven per hoofd van de bevolking in Azië ($523,5).

De groei van de overheidsuitgaven in Oost-Azië bedroeg 4.7% in de jaren 1980, en was vergelijkbaar met Bulgarije (4,7%), Nieuw-Caledonië (4,7%). De groei van de overheidsuitgaven in Oost-Azië (4,7%) was groter dan de groei van de overheidsuitgaven in de wereld (2,7%), was groter dan de groei van de overheidsuitgaven in Azië (4,2%).

Vergelijking met subregio's. De overheidsuitgaven van Oost-Azië was groter dan in Zuidwest-Azië (US$75,5 miljard), in Zuid-Azië (US$49,4 miljard) en in Zuidoost-Azië (US$27,1 miljard). De overheidsuitgaven per hoofd in Oost-Azië was in Oost-Azië groter dan in Zuidoost-Azië (US$68,4) en in Zuid-Azië (US$47,1); maar minder dan in Zuidwest-Azië (US$664,1). De groei van de overheidsuitgaven in Oost-Azië was groter dan in Zuidoost-Azië (4,3%), in Zuidwest-Azië (3,5%) en in Zuid-Azië (1,9%).

Leiders. De overheidsuitgaven van Oost-Azië in de jaren 1980 bestond uit: Japan (77,9%), China (13,5%), Zuid-Korea (3,9%), Hongkong (0,82%), Mongolië (0,073%), en andere (3,8%). Het aandeel van de overheidsuitgaven in BBP van de leiders: Mongolië (19,8%), Japan (14,2%), China (13,5%), Zuid-Korea (10,7%) en Hongkong (6,6%). De overheidsuitgaven per hoofd in Oost-Azië onder de leiders: Japan ($2.122,5), Hongkong ($515,8), Zuid-Korea ($321,0), Mongolië ($126,0) en China ($41,6). De groei van de overheidsuitgaven onder de leiders: Mongolië (12,9%), China (8,2%), Hongkong (6,6%), Zuid-Korea (6,5%) en Japan (3,5%).

de jaren 1990

De overheidsuitgaven van Oost-Azië bedroeg in de jaren 1990 US$856,0 miljard per jaar. Het aandeel in de wereld was 18,2%, en 77,5% in Azië.

Het aandeel van de overheidsuitgaven in het BBP van Oost-Azië was 14,5% in de jaren 1990, en was vergelijkbaar met de Maldiven (14,5%), Belize (14,6%).

De overheidsuitgaven per hoofd in Oost-Azië was $587,9 in de jaren 1990s, en was vergelijkbaar met Zuid-Amerika (US$593,0). De overheidsuitgaven per hoofd in Oost-Azië was 28,7% lager dan de overheidsuitgaven per hoofd van de bevolking in de wereld ($824,8), en was 84,4% hoger dan de overheidsuitgaven per hoofd van de bevolking in Azië ($824,8).

De groei van de overheidsuitgaven in Oost-Azië bedroeg 5.6% in de jaren 1990. De groei van de overheidsuitgaven in Oost-Azië (5,6%) was groter dan de groei van de overheidsuitgaven in de wereld (2,0%), was groter dan de groei van de overheidsuitgaven in Azië (5,0%).

Vergelijking met subregio's. De overheidsuitgaven van Oost-Azië was groter dan in Zuidwest-Azië (US$122,0 miljard), in Zuid-Azië (US$64,0 miljard), in Zuidoost-Azië (US$55,3 miljard) en in Centraal-Azië (US$7,1 miljard). De overheidsuitgaven per hoofd in Oost-Azië was in Oost-Azië groter dan in Centraal-Azië (US$133,8), in Zuidoost-Azië (US$114,9) en in Zuid-Azië (US$48,9); maar minder dan in Zuidwest-Azië (US$741,4). De groei van de overheidsuitgaven in Oost-Azië was groter dan in Zuid-Azië (4,5%), in Zuidoost-Azië (4,0%), in Zuidwest-Azië (2,5%) en in Centraal-Azië (-5,6%).

Leiders. De overheidsuitgaven van Oost-Azië in de jaren 1990 bestond uit: Japan (76,1%), China (11,9%), Zuid-Korea (5,5%), Hongkong (1,3%), Macau (0,074%), en andere (5,0%). Het aandeel van de overheidsuitgaven in BBP van de leiders: Japan (15,1%), China (14,3%), Macau (10,9%), Zuid-Korea (10,6%) en Hongkong (8,1%). De overheidsuitgaven per hoofd in Oost-Azië onder de leiders: Japan ($5.169,1), Hongkong ($1.789,4), Macau ($1.664,3), Zuid-Korea ($1.050,9) en China ($82,9). De groei van de overheidsuitgaven onder de leiders: China (12,0%), Macau (7,1%), Zuid-Korea (5,1%), Hongkong (4,8%) en Japan (3,0%).

de jaren 2000

De overheidsuitgaven van Oost-Azië bedroeg in de jaren 2000 US$1,4 biljoen per jaar. Het aandeel in de wereld was 17,8%, en 73,7% in Azië.

Het aandeel van de overheidsuitgaven in het BBP van Oost-Azië was 16,0% in de jaren 2000, en was vergelijkbaar met Roemenië (16,1%), Zuid-Amerika (16,0%), Moldavië (16,0%).

De overheidsuitgaven per hoofd in Oost-Azië was $892,1 in de jaren 2000s, en was vergelijkbaar met Dominica (US$881,4), Turkije (US$905,9). De overheidsuitgaven per hoofd in Oost-Azië was 25,7% lager dan de overheidsuitgaven per hoofd van de bevolking in de wereld ($1.200,9), en was 86,9% hoger dan de overheidsuitgaven per hoofd van de bevolking in Azië ($1.200,9).

De groei van de overheidsuitgaven in Oost-Azië bedroeg 5.1% in de jaren 2000, en was vergelijkbaar met Zuidwest-Azië (5,1%), Thailand (5,2%), Andorra (5,2%). De groei van de overheidsuitgaven in Oost-Azië (5,1%) was groter dan de groei van de overheidsuitgaven in de wereld (3,1%), was minder dan de groei van de overheidsuitgaven in Azië (5,3%).

Vergelijking met subregio's. De overheidsuitgaven van Oost-Azië was groter dan in Zuidwest-Azië (US$244,7 miljard), in Zuid-Azië (US$134,4 miljard), in Zuidoost-Azië (US$105,1 miljard) en in Centraal-Azië (US$12,0 miljard). De overheidsuitgaven per hoofd in Oost-Azië was in Oost-Azië groter dan in Centraal-Azië (US$206,7), in Zuidoost-Azië (US$188,5) en in Zuid-Azië (US$85,4); maar minder dan in Zuidwest-Azië (US$1.199,4). De groei van de overheidsuitgaven in Oost-Azië was groter dan in Zuidwest-Azië (5,1%); maar minder dan in Zuidoost-Azië (6,5%), in Centraal-Azië (6,0%) en in Zuid-Azië (5,4%).

Leiders. De overheidsuitgaven van Oost-Azië in de jaren 2000 bestond uit: Japan (60,7%), China (26,1%), Zuid-Korea (7,8%), Hongkong

(1,3%), Macau (0,091%), en andere (4,1%). Het aandeel van de overheidsuitgaven in BBP van de leiders: Japan (18,1%), China (14,0%), Zuid-Korea (13,0%), Macau (9,9%) en Hongkong (9,5%). De overheidsuitgaven per hoofd in Oost-Azië onder de leiders: Japan ($6.586,4), Macau ($2.640,3), Hongkong ($2.609,6), Zuid-Korea ($2.244,8) en China ($273,3). De groei van de overheidsuitgaven onder de leiders: China (9,3%), Zuid-Korea (5,4%), Macau (4,6%), Hongkong (2,1%) en Japan (1,7%).

de jaren 2010

De overheidsuitgaven van Oost-Azië bedroeg in de jaren 2010 US$3,1 biljoen per jaar, en was vergelijkbaar met Noord-Amerika (US$3,0 biljoen). Het aandeel in de wereld was 23,3%, en 71,4% in Azië.

Het aandeel van de overheidsuitgaven in het BBP van Oost-Azië was 16,9% in de jaren 2010, en was vergelijkbaar met de Maldiven (16,9%), de Wereld (16,8%), Luxemburg (16,8%).

De overheidsuitgaven per hoofd in Oost-Azië was $1.863,4 in de jaren 2010s, en was vergelijkbaar met Costa Rica (US$1.856,8), de Marshalleilanden (US$1.878,2). De overheidsuitgaven per hoofd in Oost-Azië was 4,4% hoger dan de overheidsuitgaven per hoofd van de bevolking in de wereld ($1.785,1), en was 92,0% hoger dan de overheidsuitgaven per hoofd van de bevolking in Azië ($1.785,1).

De groei van de overheidsuitgaven in Oost-Azië bedroeg 5.6% in de jaren 2010, en was vergelijkbaar met Bolivia (5,6%). De groei van de overheidsuitgaven in Oost-Azië (5,6%) was groter dan de groei van de overheidsuitgaven in de wereld (2,3%), was groter dan de groei van de overheidsuitgaven in Azië (5,2%).

Vergelijking met subregio's. De overheidsuitgaven van Oost-Azië was 5,5 keer groter dan in Zuidwest-Azië (US$556,3 miljard), 8,9 keer groter dan in Zuid-Azië (US$344,9 miljard), 10,6 keer groter dan in Zuidoost-Azië (US$287,9 miljard) en 89,6 keer groter dan in Centraal-Azië (US$34,1 miljard). De overheidsuitgaven per hoofd in Oost-Azië was in Oost-Azië3,7 keer groter dan in Centraal-Azië (US$502,3), 4,1 keer groter dan in Zuidoost-Azië (US$456,9) en 9,8 keer groter dan in Zuid-Azië (US$189,9); maar 14,8% minder dan in Zuidwest-Azië (US$2,2 duizend). De groei van de overheidsuitgaven in Oost-Azië was groter dan in Centraal-Azië (5,1%), in Zuid-Azië (4,7%), in Zuidoost-Azië (4,5%) en in Zuidwest-Azië (3,7%).

Leiders. De overheidsuitgaven van Oost-Azië in de jaren 2010 bestond uit: China (54,9%), Japan (34,1%), Zuid-Korea (7,3%), Hongkong (0,95%), Macau (0,13%), en andere (2,6%). Het aandeel van de overheidsuitgaven in BBP van de leiders: Japan (19,9%), China (16,0%), Zuid-Korea (15,3%), Hongkong (9,6%) en Macau (8,6%). De overheidsuitgaven per hoofd in Oost-Azië onder de leiders: Japan ($8.152,8), Macau ($6.731,1), Zuid-Korea ($4.392,7), Hongkong ($4.035,3) en China ($1.197,3). De groei van de overheidsuitgaven onder de leiders: China (8,3%), Zuid-Korea (4,6%), Macau (4,5%), Hongkong (3,4%) en Japan (1,3%).

Hoofdstuk XIII. Huishoudelijke uitgaven

Consumptieve bestedingen van de huishoudens

De huishoudelijke uitgaven van Oost-Azië steeg van US$393,6 miljard per jaar in de jaren 1970 tot US$8,1 biljoen per jaar in de jaren 2010, dat wil zeggen met US$7,7 biljoen of 20,7 keer. De verandering vond plaats op US$5,8 biljoen als gevolg van een 3,5-voudige stijging van de prijzen, en ook op US$1,7 biljoen als gevolg van een 3,9-voudige toename van het tarief per hoofd , evenals op US$195,6 miljard als gevolg van de toename van de bevolking. De gemiddelde jaarlijkse groei van de huishoudelijke uitgaven is 4,6%. De minimumwaarde van de huishoudelijke uitgaven bedroeg US$160,5 miljard in 1970. De maximumwaarde van de huishoudelijke uitgaven bedroeg US$9,8 biljoen in 2019.

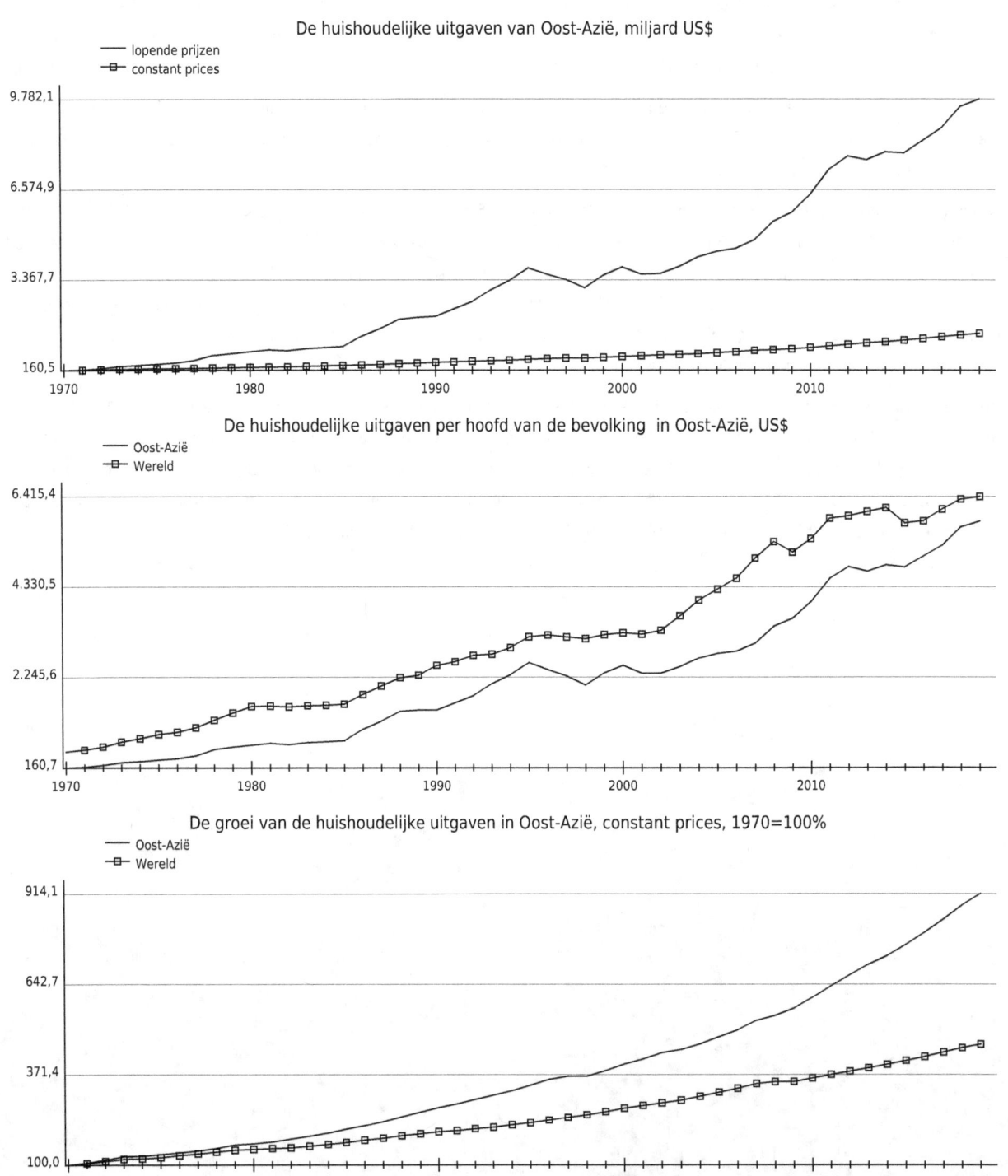

De huishoudelijke uitgaven van Oost-Azië, miljard US$

De huishoudelijke uitgaven per hoofd van de bevolking in Oost-Azië, US$

De groei van de huishoudelijke uitgaven in Oost-Azië, constant prices, 1970=100%

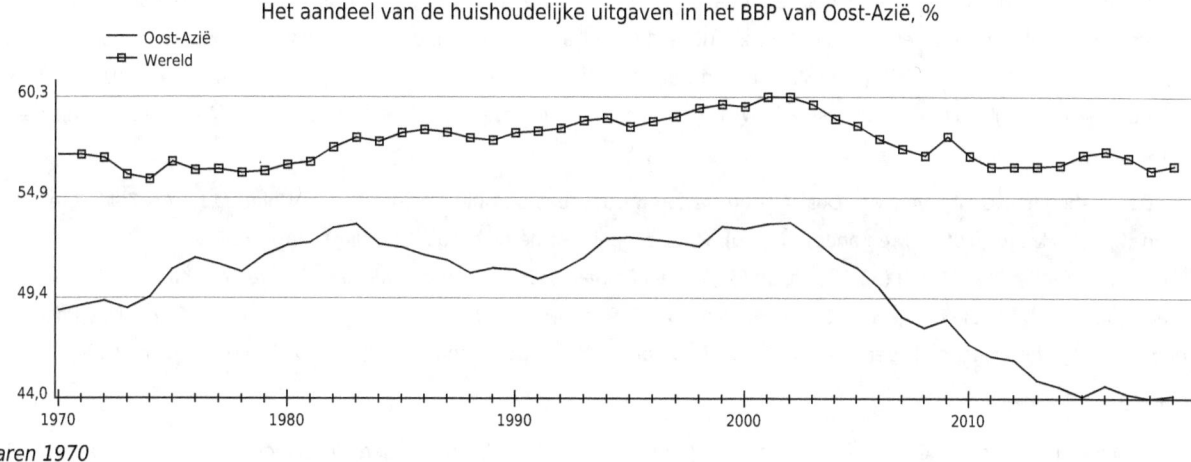

Het aandeel van de huishoudelijke uitgaven in het BBP van Oost-Azië, %

de jaren 1970

De huishoudelijke uitgaven van Oost-Azië bedroeg in de jaren 1970 US$393,6 miljard per jaar. Het aandeel in de wereld was 10,7%, en 60,0% in Azië.

Het aandeel van de huishoudelijke uitgaven in het BBP van Oost-Azië was 50,6% in de jaren 1970, en was vergelijkbaar met Roemenië (50,7%), China (50,7%), de Maldiven (50,5%).

De huishoudelijke uitgaven per hoofd in Oost-Azië was $359,2 in de jaren 1970s, en was vergelijkbaar met Senegal (US$360,0), Saint Vincent en de Grenadines (US$360,4), Congo-Brazzaville (US$357,9). De huishoudelijke uitgaven per hoofd in Oost-Azië was in 2,5 keer lager dan de huishoudelijke uitgaven per hoofd van de bevolking in de wereld ($914,8), en was 27,2% hoger dan de huishoudelijke uitgaven per hoofd van de bevolking in Azië ($914,8).

De groei van de huishoudelijke uitgaven in Oost-Azië bedroeg 5.3% in de jaren 1970, en was vergelijkbaar met Pakistan (5,3%), Malawi (5,4%), Guatemala (5,4%). De groei van de huishoudelijke uitgaven in Oost-Azië (5,3%) was groter dan de groei van de huishoudelijke uitgaven in de wereld (4,1%), was groter dan de groei van de huishoudelijke uitgaven in Azië (5,2%).

Vergelijking met subregio's. De huishoudelijke uitgaven van Oost-Azië was groter dan in Zuid-Azië (US$127,5 miljard), in Zuidwest-Azië (US$77,4 miljard) en in Zuidoost-Azië (US$57,2 miljard). De huishoudelijke uitgaven per hoofd in Oost-Azië was in Oost-Azië groter dan in Zuidoost-Azië (US$181,2) en in Zuid-Azië (US$154,4); maar minder dan in Zuidwest-Azië (US$917,3). De groei van de huishoudelijke uitgaven in Oost-Azië was groter dan in Zuid-Azië (3,3%); maar minder dan in Zuidwest-Azië (6,5%) en in Zuidoost-Azië (6,0%).

Leiders. De huishoudelijke uitgaven van Oost-Azië in de jaren 1970 bestond uit: Japan (71,4%), China (20,2%), Zuid-Korea (4,4%), Hongkong (1,8%), Macau (0,065%), en andere (2,2%). Het aandeel van de huishoudelijke uitgaven in BBP van de leiders: Zuid-Korea (63,9%), Hongkong (62,9%), Macau (59,0%), China (50,7%) en Japan (50,3%). De huishoudelijke uitgaven per hoofd in Oost-Azië onder de leiders: Japan ($2.523,0), Hongkong ($1.650,3), Macau ($1.062,3), Zuid-Korea ($497,5) en China ($86,8). De groei van de huishoudelijke uitgaven onder de leiders: Hongkong (9,7%), Macau (7,9%), Zuid-Korea (7,6%), Japan (5,1%) en China (4,3%).

de jaren 1980

De huishoudelijke uitgaven van Oost-Azië bedroeg in de jaren 1980 US$1,2 biljoen per jaar. Het aandeel in de wereld was 14,2%, en 65,9% in Azië.

Het aandeel van de huishoudelijke uitgaven in het BBP van Oost-Azië was 51,8% in de jaren 1980, en was vergelijkbaar met Finland (51,6%), Japan (52,1%), Suriname (52,2%).

De huishoudelijke uitgaven per hoofd in Oost-Azië was $974,5 in de jaren 1980s, en was vergelijkbaar met Jamaica (US$977,5), de Marshalleilanden (US$988,9), Belize (US$995,9). De huishoudelijke uitgaven per hoofd in Oost-Azië was 46,1% lager dan de huishoudelijke uitgaven per hoofd van de bevolking in de wereld ($1.808,0), en was 46,3% hoger dan de huishoudelijke uitgaven per hoofd van de bevolking in Azië ($1.808,0).

De groei van de huishoudelijke uitgaven in Oost-Azië bedroeg 5% in de jaren 1980, en was vergelijkbaar met Maleisië (4,9%), Zuidoost-Azië (5,0%). De groei van de huishoudelijke uitgaven in Oost-Azië (5,0%) was groter dan de groei van de huishoudelijke uitgaven in de wereld (3,0%), was groter dan de groei van de huishoudelijke uitgaven in Azië (4,7%).

Vergelijking met subregio's. De huishoudelijke uitgaven van Oost-Azië was groter dan in Zuid-Azië (US$306,7 miljard), in Zuidwest-Azië (US$195,5 miljard) en in Zuidoost-Azië (US$142,0 miljard). De huishoudelijke uitgaven per hoofd in Oost-Azië was in Oost-Azië groter dan in Zuidoost-Azië (US$358,3) en in Zuid-Azië (US$292,4); maar minder dan in Zuidwest-Azië (US$1.720,6). De groei van de huishoudelijke uitgaven in Oost-Azië was groter dan in Zuidoost-Azië (5,0%), in Zuid-Azië (4,0%) en in Zuidwest-Azië (3,5%).

Leiders. De huishoudelijke uitgaven van Oost-Azië in de jaren 1980 bestond uit: Japan (75,9%), China (13,6%), Zuid-Korea (5,3%), Hongkong (2,0%), Macau (0,066%), en andere (3,2%). Het aandeel van de huishoudelijke uitgaven in BBP van de leiders: Hongkong (59,1%), Zuid-Korea (54,2%), Macau (53,4%), Japan (52,1%) en China (51,3%). De huishoudelijke uitgaven per hoofd in Oost-Azië onder de leiders: Japan ($7.796,6), Hongkong ($4.623,9), Macau ($2.924,1), Zuid-Korea ($1.627,9) en China ($157,8). De groei van de huishoudelijke uitgaven onder de leiders: China (8,8%), Zuid-Korea (7,5%), Hongkong (7,3%), Macau (7,3%) en Japan (3,7%).

de jaren 1990

De huishoudelijke uitgaven van Oost-Azië bedroeg in de jaren 1990 US$3,1 biljoen per jaar. Het aandeel in de wereld was 18,2%, en 73,4% in Azië.

Het aandeel van de huishoudelijke uitgaven in het BBP van Oost-Azië was 52,1% in de jaren 1990, en was vergelijkbaar met Thailand (52,1%), Suriname (52,1%), Oost-Europa (52,2%).

De huishoudelijke uitgaven per hoofd in Oost-Azië was $2.110,2 in de jaren 1990s, en was vergelijkbaar met de Caraïben (US$2,1 duizend), Zuid-Afrika (US$2,1 duizend), Saint Vincent en de Grenadines (US$2,1 duizend). De huishoudelijke uitgaven per hoofd in Oost-Azië was 28,8% lager dan de huishoudelijke uitgaven per hoofd van de bevolking in de wereld ($2.963,9), en was 74,7% hoger dan de huishoudelijke uitgaven per hoofd van de bevolking in Azië ($2.963,9).

De groei van de huishoudelijke uitgaven in Oost-Azië bedroeg 4% in de jaren 1990, en was vergelijkbaar met Benin (4,0%), de Comoren (4,0%), Guatemala (4,0%). De groei van de huishoudelijke uitgaven in Oost-Azië (4,0%) was groter dan de groei van de huishoudelijke uitgaven in de wereld (3,0%), was minder dan de groei van de huishoudelijke uitgaven in Azië (4,4%).

Vergelijking met subregio's. De huishoudelijke uitgaven van Oost-Azië was groter dan in Zuid-Azië (US$394,8 miljard), in Zuidwest-Azië (US$372,3 miljard), in Zuidoost-Azië (US$314,1 miljard) en in Centraal-Azië (US$32,0 miljard). De huishoudelijke uitgaven per hoofd in Oost-Azië was in Oost-Azië groter dan in Zuidoost-Azië (US$652,5), in Centraal-Azië (US$606,4) en in Zuid-Azië (US$301,5); maar minder dan in Zuidwest-Azië (US$2,3 duizend). De groei van de huishoudelijke uitgaven in Oost-Azië was groter dan in Centraal-Azië (-5,6%); maar minder dan in Zuidoost-Azië (5,8%), in Zuid-Azië (4,5%) en in Zuidwest-Azië (4,3%).

Leiders. De huishoudelijke uitgaven van Oost-Azië in de jaren 1990 bestond uit: Japan (74,6%), China (10,7%), Zuid-Korea (7,5%), Hongkong (2,6%), Macau (0,084%), en andere (4,5%). Het aandeel van de huishoudelijke uitgaven in BBP van de leiders: Hongkong (60,4%), Japan (52,9%), Zuid-Korea (51,8%), China (46,0%) en Macau (44,2%). De huishoudelijke uitgaven per hoofd in Oost-Azië onder de leiders: Japan ($18.170,3), Hongkong ($13.322,0), Macau ($6.745,3), Zuid-Korea ($5.128,4) en China ($267,5). De groei van de huishoudelijke uitgaven onder de leiders: China (8,6%), Zuid-Korea (6,3%), Macau (4,3%), Hongkong (4,3%) en Japan (1,8%).

de jaren 2000

De huishoudelijke uitgaven van Oost-Azië bedroeg in de jaren 2000 US$4,4 biljoen per jaar. Het aandeel in de wereld was 16,0%, en 67,3% in Azië.

Het aandeel van de huishoudelijke uitgaven in het BBP van Oost-Azië was 50,6% in de jaren 2000, en was vergelijkbaar met Bermuda (50,7%), België (50,8%), de Verenigde Arabische Emiraten (50,1%).

De huishoudelijke uitgaven per hoofd in Oost-Azië was $2.812,7 in de jaren 2000s, en was vergelijkbaar met Belize (US$2,8 duizend), Zuid-Afrika (US$2,8 duizend), Bosnië en Herzegovina (US$2,8 duizend). De huishoudelijke uitgaven per hoofd in Oost-Azië was 33,2% lager dan de huishoudelijke uitgaven per hoofd van de bevolking in de wereld ($4.208,2), en was 70,5% hoger dan de huishoudelijke uitgaven per hoofd van de bevolking in Azië ($4.208,2).

De groei van de huishoudelijke uitgaven in Oost-Azië bedroeg 4% in de jaren 2000, en was vergelijkbaar met Nepal (4,0%), Zimbabwe (4,0%), Zuid-Korea (4,0%). De groei van de huishoudelijke uitgaven in Oost-Azië (4,0%) was groter dan de groei van de huishoudelijke uitgaven in de wereld (3,0%), was minder dan de groei van de huishoudelijke uitgaven in Azië (4,4%).

Vergelijking met subregio's. De huishoudelijke uitgaven van Oost-Azië was groter dan in Zuid-Azië (US$762,2 miljard), in

Zuidwest-Azië (US$738,8 miljard), in Zuidoost-Azië (US$582,4 miljard) en in Centraal-Azië (US$52,4 miljard). De huishoudelijke uitgaven per hoofd in Oost-Azië was in Oost-Azië groter dan in Zuidoost-Azië (US$1.044,6), in Centraal-Azië (US$898,4) en in Zuid-Azië (US$484,0); maar minder dan in Zuidwest-Azië (US$3,6 duizend). De groei van de huishoudelijke uitgaven in Oost-Azië was minder dan in Centraal-Azië (5,7%), in Zuidwest-Azië (5,1%), in Zuid-Azië (5,0%) en in Zuidoost-Azië (4,9%).

Leiders. De huishoudelijke uitgaven van Oost-Azië in de jaren 2000 bestond uit: Japan (59,5%), China (23,2%), Zuid-Korea (10,2%), Hongkong (2,5%), Macau (0,094%), en andere (4,6%). Het aandeel van de huishoudelijke uitgaven in BBP van de leiders: Hongkong (58,9%), Japan (55,9%), Zuid-Korea (53,1%), China (39,2%) en Macau (32,3%). De huishoudelijke uitgaven per hoofd in Oost-Azië onder de leiders: Japan ($20.355,9), Hongkong ($16.180,6), Zuid-Korea ($9.194,9), Macau ($8.614,9) en China ($766,3). De groei van de huishoudelijke uitgaven onder de leiders: China (8,9%), Macau (4,8%), Zuid-Korea (4,0%), Hongkong (3,0%) en Japan (0,81%).

de jaren 2010

De huishoudelijke uitgaven van Oost-Azië bedroeg in de jaren 2010 US$8,1 biljoen per jaar. Het aandeel in de wereld was 18,4%, en 61,9% in Azië.

Het aandeel van de huishoudelijke uitgaven in het BBP van Oost-Azië was 44,9% in de jaren 2010, en was vergelijkbaar met de Nederland (44,9%).

De huishoudelijke uitgaven per hoofd in Oost-Azië was $4.956,7 in de jaren 2010s, en was vergelijkbaar met de Dominicaanse Republiek (US$4,9 duizend), Bulgarije (US$4,9 duizend). De huishoudelijke uitgaven per hoofd in Oost-Azië was 17,6% lager dan de huishoudelijke uitgaven per hoofd van de bevolking in de wereld ($6.018,5), en was 66,5% hoger dan de huishoudelijke uitgaven per hoofd van de bevolking in Azië ($6.018,5).

De groei van de huishoudelijke uitgaven in Oost-Azië bedroeg 4.8% in de jaren 2010, en was vergelijkbaar met Tanzania (4,8%), de Turks- en Caicoseilanden (4,8%). De groei van de huishoudelijke uitgaven in Oost-Azië (4,8%) was groter dan de groei van de huishoudelijke uitgaven in de wereld (2,8%), was minder dan de groei van de huishoudelijke uitgaven in Azië (4,9%).

Vergelijking met subregio's. De huishoudelijke uitgaven van Oost-Azië was 4,2 keer groter dan in Zuid-Azië (US$1,9 biljoen), 5,5 keer groter dan in Zuidwest-Azië (US$1,5 biljoen), 5,7 keer groter dan in Zuidoost-Azië (US$1,4 biljoen) en 55,5 keer groter dan in Centraal-Azië (US$146,5 miljard). De huishoudelijke uitgaven per hoofd in Oost-Azië was in Oost-Azië2,2 keer groter dan in Zuidoost-Azië (US$2,3 duizend), 2,3 keer groter dan in Centraal-Azië (US$2,2 duizend) en 4,6 keer groter dan in Zuid-Azië (US$1.069,7); maar 14,5% minder dan in Zuidwest-Azië (US$5,8 duizend). De groei van de huishoudelijke uitgaven in Oost-Azië was groter dan in Zuidwest-Azië (3,9%); maar minder dan in Centraal-Azië (6,6%), in Zuid-Azië (5,7%) en in Zuidoost-Azië (5,2%).

Leiders. De huishoudelijke uitgaven van Oost-Azië in de jaren 2010 bestond uit: China (48,3%), Japan (36,7%), Zuid-Korea (8,8%), Hongkong (2,4%), Macau (0,13%), en andere (3,6%). Het aandeel van de huishoudelijke uitgaven in BBP van de leiders: Hongkong (66,1%), Japan (57,1%), Zuid-Korea (49,3%), China (37,4%) en Macau (23,0%). De huishoudelijke uitgaven per hoofd in Oost-Azië onder de leiders: Hongkong ($27.696,2), Japan ($23.352,2), Macau ($18.034,3), Zuid-Korea ($14.117,1) en China ($2.801,9). De groei van de huishoudelijke uitgaven onder de leiders: China (8,3%), Macau (4,7%), Hongkong (4,3%), Zuid-Korea (2,5%) en Japan (0,64%).

Hoofdstuk XIV. Voedsel consumptie

Tijdens de onderzoeksperiode groeide de voedselconsumptie in noten (in 7,4 keer), fruit (in 6,8 keer), groenten (in 5,2 keer), vlees (in 4,8 keer), eieren (in 4,8 keer), alcoholische dranken (in 4,6 keer), melk (in 4,2 keer), stimulerende middelen (in 3,5 keer), plantaardige oliën (in 3,2 keer), vis (in 2,8 keer), specerijen (in 2,1 keer), suiker (met 45,6%), granen (met 5,0%), maar daalde in zetmeelrijke wortels (met 54,0%), peulvruchten (in 3,4 keer).

Dit zijn de correlatiecoëfficiënten tussen het bni per hoofd van de bevolking in constante prijzen en de voedselconsumptie: noten (0.994), stimulerende middelen (0.992), fruit (0.99), melk (0.989), alcoholische dranken (0.974), groenten (0.962), vis (0.956), vlees (0.953), specerijen (0.943), eieren (0.919), plantaardige oliën (0.867), suiker (0.47), granen (-0.216), zetmeelrijke wortels (-0.555), peulvruchten (-0.778).

de jaren 1970

De consumptie van kcal in Oost-Azië was 2.056,5 kcal/hoofd/dag in the 1970s, and was on a par with Honduras (2.053,2 kcal/hoofd/dag), Indonesië (2.063,0 kcal/hoofd/dag), Bolivia (2.066,5 kcal/hoofd/dag). De consumptie van kcal in Oost-Azië was minder dan in de wereld (2.403,2 kcal/hoofd/dag), en was minder dan in Azië (2.080,9 kcal/hoofd/dag). De structuur van de consumptie: granen (63.4%), zetmeelrijke wortels (12.3%), vlees (4.5%), suiker (3.2%), plantaardige oliën (3.1%), en anderen (13.5%).

De consumptie van eiwitten in Oost-Azië was 53,4 g/hoofd/dag in the 1970s, and was on a par with Samoa (53,5 g/hoofd/dag), Saoedi-Arabië (53,1 g/hoofd/dag), Algerije (53,1 g/hoofd/dag). De consumptie van eiwitten in Oost-Azië was minder dan in de wereld (65,0 g/hoofd/dag), en was groter dan in Azië (52,3 g/hoofd/dag). De structuur van de consumptie: granen (55.6%), vis (7.4%), vlees (7.1%), peulvruchten (5.7%), zetmeelrijke wortels (5.4%), en anderen (18.8%).

De consumptie van vet in Oost-Azië was 30,3 g/hoofd/dag in the 1970s. De consumptie van vet in Oost-Azië was minder dan in de wereld (55,1 g/hoofd/dag), en was minder dan in Azië (31,8 g/hoofd/dag). De structuur van de consumptie: vlees (27.5%), plantaardige oliën (24%), granen (18.1%), eieren (3.6%), vis (3.6%), en anderen (23.2%).

Dit zijn niveaus van voedselconsumptie: granen (140,0 kg/hoofd/jr), zetmeelrijke wortels (97,4 kg/hoofd/jr), groenten (60,2 kg/hoofd/jr), vis (12,7 kg/hoofd/jr), fruit (12,2 kg/hoofd/jr), vlees (12,1 kg/hoofd/jr), alcoholische dranken (9,6 kg/hoofd/jr), melk (8,3 kg/hoofd/jr), suiker (6,7 kg/hoofd/jr), peulvruchten (5,0 kg/hoofd/jr), eieren (3,8 kg/hoofd/jr), plantaardige oliën (2,7 kg/hoofd/jr), stimulerende middelen (0,43 kg/hoofd/jr), noten (0,34 kg/hoofd/jr), specerijen (0,19 kg/hoofd/jr).

de jaren 1980

De consumptie van kcal in Oost-Azië was 2.431,5 kcal/hoofd/dag in the 1980s, and was on a par with Guinee (2.421,3 kcal/hoofd/dag), Indonesië (2.419,9 kcal/hoofd/dag), Swaziland (2.415,6 kcal/hoofd/dag). De consumptie van kcal in Oost-Azië was minder dan in de wereld (2.572,3 kcal/hoofd/dag), en was groter dan in Azië (2.333,4 kcal/hoofd/dag). De structuur van de consumptie: granen (63.7%), zetmeelrijke wortels (7.1%), vlees (6.4%), plantaardige oliën (4.9%), suiker (3.9%), en anderen (14%).

De consumptie van eiwitten in Oost-Azië was 64,2 g/hoofd/dag in the 1980s, and was on a par with Dominica (64,1 g/hoofd/dag), Botswana (64,4 g/hoofd/dag), Brazilië (64,1 g/hoofd/dag). De consumptie van eiwitten in Oost-Azië was minder dan in de wereld (69,1 g/hoofd/dag), en was groter dan in Azië (58,8 g/hoofd/dag). De structuur van de consumptie: granen (57.3%), vlees (9.8%), vis (7.1%), groenten (5.1%), peulvruchten (3.4%), en anderen (17.3%).

De consumptie van vet in Oost-Azië was 45,8 g/hoofd/dag in the 1980s, and was on a par with Botswana (45,7 g/hoofd/dag), Peru (45,6 g/hoofd/dag), Gabon (45,4 g/hoofd/dag). De consumptie van vet in Oost-Azië was minder dan in de wereld (63,2 g/hoofd/dag), en was groter dan in Azië (42,6 g/hoofd/dag). De structuur van de consumptie: vlees (31.3%), plantaardige oliën (29.5%), granen (14.6%), eieren (3.4%), vis (2.7%), en anderen (18.5%).

Dit zijn niveaus van voedselconsumptie: granen (165,7 kg/hoofd/jr), groenten (86,0 kg/hoofd/jr), zetmeelrijke wortels (67,0 kg/hoofd/jr), vlees (20,0 kg/hoofd/jr), fruit (16,4 kg/hoofd/jr), alcoholische dranken (15,2 kg/hoofd/jr), vis (14,9 kg/hoofd/jr), melk (11,2 kg/hoofd/jr), suiker (9,8 kg/hoofd/jr), eieren (5,5 kg/hoofd/jr), plantaardige oliën (5,0 kg/hoofd/jr), peulvruchten (3,7 kg/hoofd/jr), stimulerende middelen (0,67 kg/hoofd/jr), noten (0,39 kg/hoofd/jr), specerijen (0,22 kg/hoofd/jr).

de jaren 1990

De consumptie van kcal in Oost-Azië was 2.658,0 kcal/hoofd/dag in the 1990s, and was on a par with Saint Lucia (2.662,9 kcal/hoofd/dag), de Wereld (2.652,6 kcal/hoofd/dag), Macau (2.670,7 kcal/hoofd/dag). De consumptie van kcal in Oost-Azië was groter dan in de wereld (2.652,6 kcal/hoofd/dag), en was groter dan in Azië (2.494,1 kcal/hoofd/dag). De structuur van de consumptie: granen (57.2%), vlees (9.8%), plantaardige oliën (6.2%), zetmeelrijke wortels (5.7%), suiker (3.7%), en anderen (17.4%).

De consumptie van eiwitten in Oost-Azië was 75,5 g/hoofd/dag in the 1990s, and was on a par with Gabon (75,6 g/hoofd/dag), Mongolië (75,8 g/hoofd/dag), Chili (75,0 g/hoofd/dag). De consumptie van eiwitten in Oost-Azië was groter dan in de wereld (72,1 g/hoofd/dag), en was groter dan in Azië (65,3 g/hoofd/dag). De structuur van de consumptie: granen (48.8%), vlees (14.4%), vis (8.4%), groenten (7.1%), eieren (4.9%), en anderen (16.4%).

De consumptie van vet in Oost-Azië was 64,9 g/hoofd/dag in the 1990s, and was on a par with Zuidelijk Afrika (65,2 g/hoofd/dag), Iran (65,3 g/hoofd/dag), Colombia (64,6 g/hoofd/dag). De consumptie van vet in Oost-Azië was minder dan in de wereld (69,0 g/hoofd/dag), en was groter dan in Azië (54,3 g/hoofd/dag). De structuur van de consumptie: vlees (36.6%), plantaardige oliën (28.9%), granen (10.4%), eieren (5.2%), vis (2.3%), en anderen (16.6%).

Dit zijn niveaus van voedselconsumptie: granen (162,0 kg/hoofd/jr), groenten (143,8 kg/hoofd/jr), zetmeelrijke wortels (61,2 kg/hoofd/jr), vlees (34,2 kg/hoofd/jr), fruit (32,3 kg/hoofd/jr), alcoholische dranken (24,9 kg/hoofd/jr), vis (23,2 kg/hoofd/jr), melk (14,1 kg/hoofd/jr), eieren (11,7 kg/hoofd/jr), suiker (10,2 kg/hoofd/jr), plantaardige oliën (6,9 kg/hoofd/jr), peulvruchten (1,8 kg/hoofd/jr), stimulerende middelen (0,83 kg/hoofd/jr), noten (0,69 kg/hoofd/jr), specerijen (0,31 kg/hoofd/jr).

de jaren 2000

De consumptie van kcal in Oost-Azië was 2.872,2 kcal/hoofd/dag in the 2000s, and was on a par with Polynesië (2.872,1 kcal/hoofd/dag), Zuid-Amerika (2.869,0 kcal/hoofd/dag), China (2.879,8 kcal/hoofd/dag). De consumptie van kcal in Oost-Azië was groter dan in de wereld (2.765,9 kcal/hoofd/dag), en was groter dan in Azië (2.619,0 kcal/hoofd/dag). De structuur van de consumptie: granen (49.6%), vlees (12.7%), plantaardige oliën (6.9%), groenten (6%), zetmeelrijke wortels (5.4%), en anderen (19.4%).

De consumptie van eiwitten in Oost-Azië was 87,2 g/hoofd/dag in the 2000s, and was on a par with Letland (87,1 g/hoofd/dag), Saint Lucia (87,0 g/hoofd/dag), China (87,0 g/hoofd/dag). De consumptie van eiwitten in Oost-Azië was groter dan in de wereld (76,5 g/hoofd/dag), en was groter dan in Azië (70,9 g/hoofd/dag). De structuur van de consumptie: granen (39.1%), vlees (17.9%), groenten (10.9%), vis (9.1%), eieren (5.9%), en anderen (17.1%).

De consumptie van vet in Oost-Azië was 82,5 g/hoofd/dag in the 2000s, and was on a par with Costa Rica (82,5 g/hoofd/dag), Saint Kitts en Nevis (82,3 g/hoofd/dag). De consumptie van vet in Oost-Azië was groter dan in de wereld (76,9 g/hoofd/dag), en was groter dan in Azië (64,4 g/hoofd/dag). De structuur van de consumptie: vlees (39.8%), plantaardige oliën (27.3%), granen (7.6%), eieren (5.7%), melk (3%), en anderen (16.6%).

Dit zijn niveaus van voedselconsumptie: groenten (261,3 kg/hoofd/jr), granen (150,2 kg/hoofd/jr), zetmeelrijke wortels (67,2 kg/hoofd/jr), fruit (57,9 kg/hoofd/jr), vlees (48,7 kg/hoofd/jr), alcoholische dranken (33,7 kg/hoofd/jr), vis (30,4 kg/hoofd/jr), melk (25,4 kg/hoofd/jr), eieren (16,4 kg/hoofd/jr), suiker (9,4 kg/hoofd/jr), plantaardige oliën (8,3 kg/hoofd/jr), peulvruchten (1,5 kg/hoofd/jr), noten (1,4 kg/hoofd/jr), stimulerende middelen (1,1 kg/hoofd/jr), specerijen (0,34 kg/hoofd/jr).

de jaren 2010

De consumptie van kcal in Oost-Azië was 3.044,5 kcal/hoofd/dag in the 2010s, and was on a par with Hongarije (3.043,0 kcal/hoofd/dag), Azerbeidzjan (3.046,3 kcal/hoofd/dag), Mexico (3.047,5 kcal/hoofd/dag). De consumptie van kcal in Oost-Azië was groter dan in de wereld (2.869,3 kcal/hoofd/dag), en was groter dan in Azië (2.759,8 kcal/hoofd/dag). De structuur van de consumptie: granen (45.8%), vlees (14.2%), plantaardige oliën (6.9%), groenten (6.9%), zetmeelrijke wortels (4.6%), en anderen (21.6%).

De consumptie van eiwitten in Oost-Azië was 95,1 g/hoofd/dag in de 2010s, and was on a par with Zuid-Korea (95,2 g/hoofd/dag). De consumptie van eiwitten in Oost-Azië was groter dan in de wereld (80,6 g/hoofd/dag), en was groter dan in Azië (76,7 g/hoofd/dag). De structuur van de consumptie: granen (34.3%), vlees (19.6%), groenten (12.1%), vis (9.6%), eieren (6%), en anderen (18.4%).

De consumptie van vet in Oost-Azië was 93,5 g/hoofd/dag in the 2010s, and was on a par with Fiji (93,5 g/hoofd/dag), Zuidwest-Azië (94,0 g/hoofd/dag), China (94,1 g/hoofd/dag). De consumptie van vet in Oost-Azië was groter dan in de wereld (82,4 g/hoofd/dag), en was groter dan in Azië (72,1 g/hoofd/dag). De structuur van de consumptie: vlees (41.7%), plantaardige oliën (25.4%), granen (6.3%), eieren (5.5%), melk (3.6%), en anderen (17.5%).

Dit zijn niveaus van voedselconsumptie: groenten (311,3 kg/hoofd/jr), granen (147,0 kg/hoofd/jr), fruit (83,2 kg/hoofd/jr), zetmeelrijke wortels (63,2 kg/hoofd/jr), vlees (58,0 kg/hoofd/jr), alcoholische dranken (43,7 kg/hoofd/jr), vis (35,4 kg/hoofd/jr), melk (34,9 kg/hoofd/jr), eieren (18,1 kg/hoofd/jr), suiker (9,7 kg/hoofd/jr), plantaardige oliën (8,7 kg/hoofd/jr), noten (2,5 kg/hoofd/jr), stimulerende middelen (1,5 kg/hoofd/jr), peulvruchten (1,5 kg/hoofd/jr), specerijen (0,40 kg/hoofd/jr).

Part V. Reproductie

Index van Koesjnir, (-) consumptie - (+) reproductie

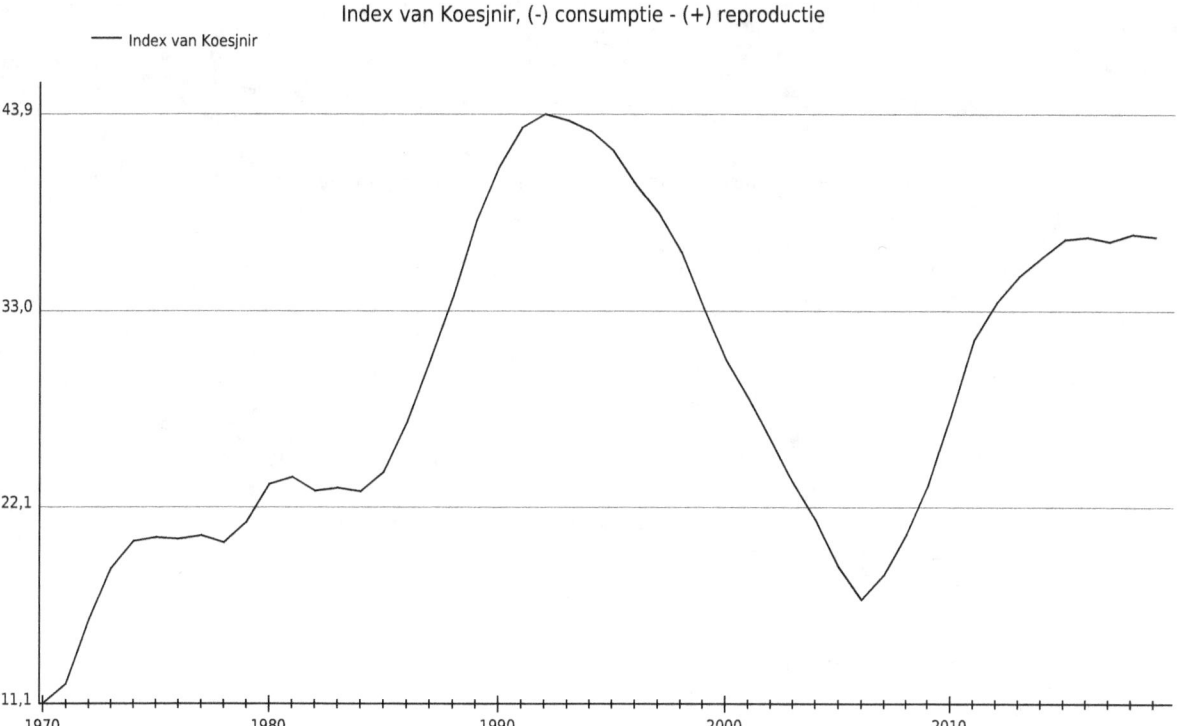

Hoofdstuk XV. Bruto-investeringen in vaste activa

De bruto-investeringen in vaste activa van Oost-Azië steeg van US$251,1 miljard per jaar in de jaren 1970 tot US$6,4 biljoen per jaar in de jaren 2010, dat wil zeggen met US$6,1 biljoen of 25,3 keer. De verandering vond plaats op US$4,2 biljoen als gevolg van een 3,0-voudige stijging van de prijzen, en ook op US$1,8 biljoen als gevolg van een 5,7-voudige toename van het tarief per hoofd , evenals op US$124,8 miljard als gevolg van de toename van de bevolking. De gemiddelde jaarlijkse groei van de investeringen in vaste activa is 5,5%. De minimumwaarde van de investeringen in vaste activa bedroeg US$107,7 miljard in 1970. De maximumwaarde van de investeringen in vaste activa bedroeg US$8,1 biljoen in 2019.

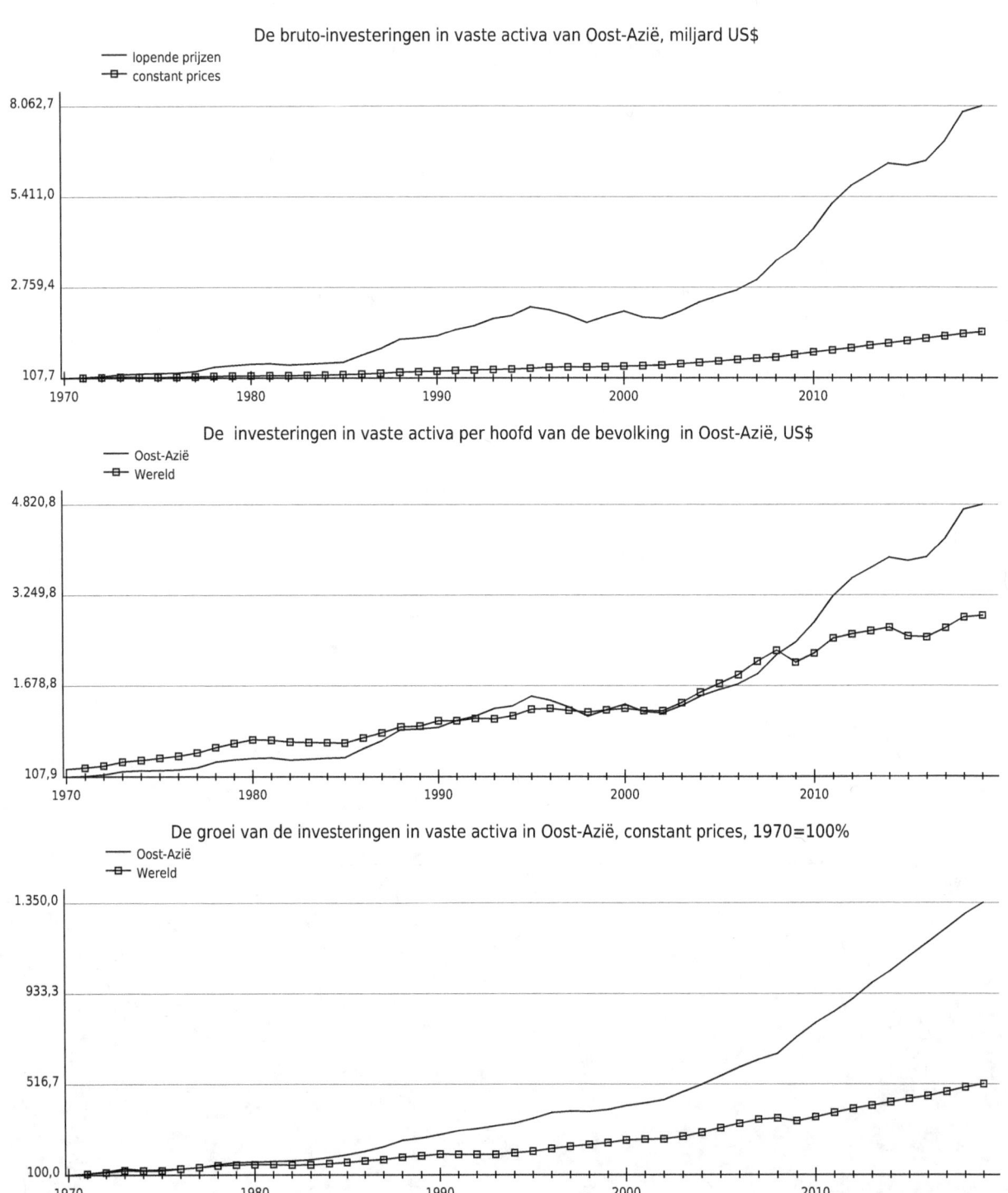

De bruto-investeringen in vaste activa van Oost-Azië, miljard US$

De investeringen in vaste activa per hoofd van de bevolking in Oost-Azië, US$

De groei van de investeringen in vaste activa in Oost-Azië, constant prices, 1970=100%

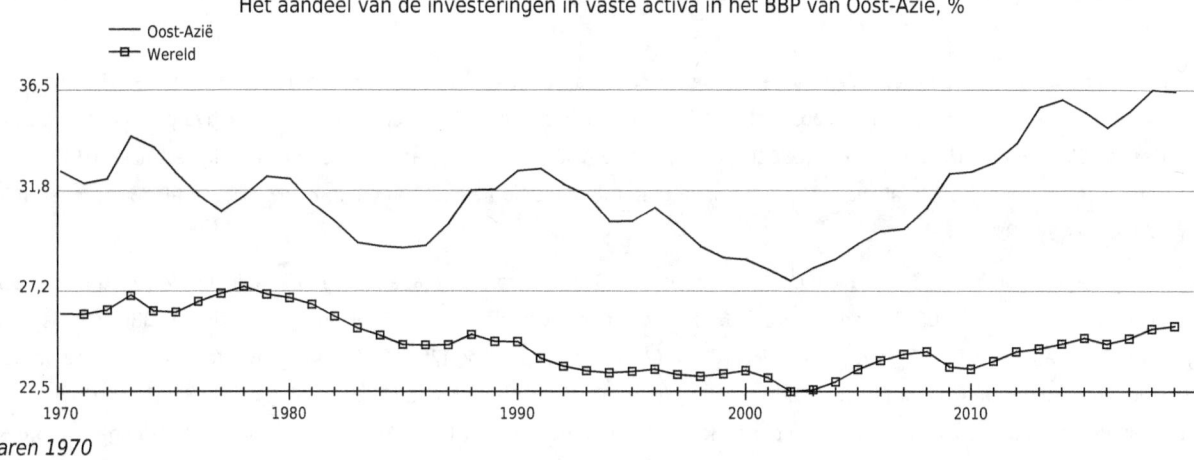

Het aandeel van de investeringen in vaste activa in het BBP van Oost-Azië, %

de jaren 1970

De bruto-investeringen in vaste activa van Oost-Azië bedroeg in de jaren 1970 US$251,1 miljard per jaar, en was vergelijkbaar met Oost-Europa (US$248,0 miljard). Het aandeel in de wereld was 14,3%, en 71,6% in Azië.

Het aandeel van de investeringen in vaste activa in het BBP van Oost-Azië was 32,3% in de jaren 1970, en was vergelijkbaar met IJsland (32,2%), Oost-Europa (32,0%).

De bruto-investeringen in vaste activa per hoofd in Oost-Azië was $229,2 in de jaren 1970s, en was vergelijkbaar met Jamaica (US$231,1), Jordanië (US$227,1), de Cookeilanden (US$226,6). De bruto-investeringen in vaste activa per hoofd in Oost-Azië was 47,1% lager dan de investeringen in vaste activa per hoofd van de bevolking in de wereld ($433,5), en was 51,7% hoger dan de investeringen in vaste activa per hoofd van de bevolking in Azië ($433,5).

De groei van de investeringen in vaste activa in Oost-Azië bedroeg 5.1% in de jaren 1970, en was vergelijkbaar met Canada (5,1%). De groei van de investeringen in vaste activa in Oost-Azië (5,1%) was groter dan de groei van de investeringen in vaste activa in de wereld (4,2%), was minder dan de groei van de investeringen in vaste activa in Azië (6,2%).

Vergelijking met subregio's. De investeringen in vaste activa van Oost-Azië was groter dan in Zuid-Azië (US$42,0 miljard), in Zuidwest-Azië (US$37,9 miljard) en in Zuidoost-Azië (US$19,8 miljard). De bruto-investeringen in vaste activa per hoofd in Oost-Azië was in Oost-Azië groter dan in Zuidoost-Azië (US$62,7) en in Zuid-Azië (US$50,9); maar minder dan in Zuidwest-Azië (US$449,0). De groei van de investeringen in vaste activa in Oost-Azië was minder dan in Zuidwest-Azië (12,1%), in Zuidoost-Azië (10,7%) en in Zuid-Azië (6,3%).

Leiders. De bruto-investeringen in vaste activa van Oost-Azië in de jaren 1970 bestond uit: Japan (76,3%), China (17,5%), Zuid-Korea (3,2%), Hongkong (1,1%), Mongolië (0,075%), en andere (1,8%). Het aandeel van de investeringen in vaste activa in BBP van de leiders: Mongolië (51,8%), Japan (34,3%), Zuid-Korea (29,8%), China (28,1%) en Hongkong (24,5%). De investeringen in vaste activa per hoofd in Oost-Azië onder de leiders: Japan ($1.720,7), Hongkong ($642,9), Zuid-Korea ($232,4), Mongolië ($128,7) en China ($48,0). De groei van de investeringen in vaste activa onder de leiders: Zuid-Korea (17,7%), Hongkong (11,9%), China (7,5%), Mongolië (6,1%) en Japan (3,9%).

de jaren 1980

De bruto-investeringen in vaste activa van Oost-Azië bedroeg in de jaren 1980 US$737,1 miljard per jaar. Het aandeel in de wereld was 19,3%, en 74,4% in Azië.

Het aandeel van de investeringen in vaste activa in het BBP van Oost-Azië was 30,7% in de jaren 1980, en was vergelijkbaar met Zuid-Korea (30,7%), Kameroen (30,7%), Venezuela (30,6%).

De bruto-investeringen in vaste activa per hoofd in Oost-Azië was $576,9 in de jaren 1980s, en was vergelijkbaar met Cuba (US$586,1), Jordanië (US$566,5), Zuidelijk Afrika (US$566,4). De investeringen in vaste activa per hoofd in Oost-Azië was 27,1% lager dan de investeringen in vaste activa per hoofd van de bevolking in de wereld ($790,9), en was 65,2% hoger dan de investeringen in vaste activa per hoofd van de bevolking in Azië ($790,9).

De groei van de investeringen in vaste activa in Oost-Azië bedroeg 5.6% in de jaren 1980, en was vergelijkbaar met Sao Tomé en Principe (5,5%), Hongkong (5,6%), Nauru (5,6%). De groei van de investeringen in vaste activa in Oost-Azië (5,6%) was groter dan de groei van de investeringen in vaste activa in de wereld (2,5%), was groter dan de groei van de investeringen in vaste activa in Azië (4,8%).

Vergelijking met subregio's. De bruto-investeringen in vaste activa van Oost-Azië was groter dan in Zuid-Azië (US$101,2 miljard), in Zuidwest-Azië (US$88,7 miljard) en in Zuidoost-Azië (US$63,6 miljard). De bruto-investeringen in vaste activa per hoofd in Oost-Azië was in Oost-Azië groter dan in Zuidoost-Azië (US$160,4) en in Zuid-Azië (US$96,5); maar minder dan in Zuidwest-Azië (US$780,4). De groei van de investeringen in vaste activa in Oost-Azië was groter dan in Zuid-Azië (2,5%) en in Zuidwest-Azië (-0,73%); maar minder dan in Zuidoost-Azië (6,9%).

Leiders. De investeringen in vaste activa van Oost-Azië in de jaren 1980 bestond uit: Japan (77,6%), China (13,3%), Zuid-Korea (5,1%), Hongkong (1,4%), Mongolië (0,088%), en andere (2,6%). Het aandeel van de investeringen in vaste activa in BBP van de leiders: Mongolië (53,3%), Japan (31,5%), Zuid-Korea (30,7%), China (29,7%) en Hongkong (25,6%). De bruto-investeringen in vaste activa per hoofd in Oost-Azië onder de leiders: Japan ($4.713,7), Hongkong ($2.001,8), Zuid-Korea ($921,1), Mongolië ($339,1) en China ($91,5). De groei van de investeringen in vaste activa onder de leiders: Zuid-Korea (9,2%), China (7,5%), Mongolië (6,3%), Hongkong (5,6%) en Japan (4,8%).

de jaren 1990

De investeringen in vaste activa van Oost-Azië bedroeg in de jaren 1990 US$1,8 biljoen per jaar. Het aandeel in de wereld was 26,9%, en 79,2% in Azië.

Het aandeel van de investeringen in vaste activa in het BBP van Oost-Azië was 30,8% in de jaren 1990, en was vergelijkbaar met Jordanië (30,7%), Anguilla (30,7%).

De investeringen in vaste activa per hoofd in Oost-Azië was $1.245,8 in de jaren 1990s. De bruto-investeringen in vaste activa per hoofd in Oost-Azië was 5,2% hoger dan de investeringen in vaste activa per hoofd van de bevolking in de wereld ($1.183,8), en was 88,3% hoger dan de investeringen in vaste activa per hoofd van de bevolking in Azië ($1.183,8).

De groei van de investeringen in vaste activa in Oost-Azië bedroeg 4.1% in de jaren 1990, en was vergelijkbaar met Liechtenstein (4,1%), Marokko (4,1%). De groei van de investeringen in vaste activa in Oost-Azië (4,1%) was groter dan de groei van de investeringen in vaste activa in de wereld (2,8%), was minder dan de groei van de investeringen in vaste activa in Azië (4,3%).

Vergelijking met subregio's. De investeringen in vaste activa van Oost-Azië was groter dan in Zuidoost-Azië (US$171,1 miljard), in Zuid-Azië (US$148,0 miljard), in Zuidwest-Azië (US$146,5 miljard) en in Centraal-Azië (US$12,1 miljard). De investeringen in vaste activa per hoofd in Oost-Azië was in Oost-Azië groter dan in Zuidwest-Azië (US$890,4), in Zuidoost-Azië (US$355,4), in Centraal-Azië (US$228,8) en in Zuid-Azië (US$113,0). De groei van de investeringen in vaste activa in Oost-Azië was groter dan in Zuidoost-Azië (3,6%) en in Centraal-Azië (-12,0%); maar minder dan in Zuid-Azië (6,3%) en in Zuidwest-Azië (4,6%).

Leiders. De bruto-investeringen in vaste activa van Oost-Azië in de jaren 1990 bestond uit: Japan (72,5%), China (12,9%), Zuid-Korea (8,8%), Hongkong (2,2%), Macau (0,075%), en andere (3,7%). Het aandeel van de investeringen in vaste activa in BBP van de leiders: Zuid-Korea (35,6%), China (32,6%), Japan (30,4%), Hongkong (29,1%) en Macau (23,3%). De investeringen in vaste activa per hoofd in Oost-Azië onder de leiders: Japan ($10.425,9), Hongkong ($6.417,1), Macau ($3.559,2), Zuid-Korea ($3.526,1) en China ($189,5). De groei van de investeringen in vaste activa onder de leiders: China (12,7%), Zuid-Korea (6,7%), Hongkong (4,8%), Macau (3,0%) en Japan (0,18%).

de jaren 2000

De investeringen in vaste activa van Oost-Azië bedroeg in de jaren 2000 US$2,6 biljoen per jaar. Het aandeel in de wereld was 23,4%, en 72,0% in Azië.

Het aandeel van de investeringen in vaste activa in het BBP van Oost-Azië was 29,7% in de jaren 2000, en was vergelijkbaar met Aruba (29,7%), Letland (29,8%), Wit-Rusland (29,6%).

De investeringen in vaste activa per hoofd in Oost-Azië was $1.652,2 in de jaren 2000s, en was vergelijkbaar met Zuidwest-Azië (US$1.642,9), Chili (US$1.626,4), Polen (US$1.678,5). De bruto-investeringen in vaste activa per hoofd in Oost-Azië was 2,3% lager dan de investeringen in vaste activa per hoofd van de bevolking in de wereld ($1.690,7), en was 82,5% hoger dan de investeringen in vaste activa per hoofd van de bevolking in Azië ($1.690,7).

De groei van de investeringen in vaste activa in Oost-Azië bedroeg 6.3% in de jaren 2000, en was vergelijkbaar met Kameroen (6,3%).

De groei van de investeringen in vaste activa in Oost-Azië (6,3%) was groter dan de groei van de investeringen in vaste activa in de wereld (3,5%), was minder dan de groei van de investeringen in vaste activa in Azië (6,8%).

Vergelijking met subregio's. De investeringen in vaste activa van Oost-Azië was groter dan in Zuid-Azië (US$396,8 miljard), in Zuidwest-Azië (US$335,2 miljard), in Zuidoost-Azië (US$245,1 miljard) en in Centraal-Azië (US$26,6 miljard). De investeringen in vaste activa per hoofd in Oost-Azië was in Oost-Azië groter dan in Zuidwest-Azië (US$1.642,9), in Centraal-Azië (US$456,7), in Zuidoost-Azië (US$439,7) en in Zuid-Azië (US$252,0). De groei van de investeringen in vaste activa in Oost-Azië was minder dan in Centraal-Azië (11,9%), in Zuidwest-Azië (8,9%), in Zuid-Azië (8,7%) en in Zuidoost-Azië (6,4%).

Leiders. De bruto-investeringen in vaste activa van Oost-Azië in de jaren 2000 bestond uit: Japan (44,7%), China (40,3%), Zuid-Korea (10,0%), Hongkong (1,6%), Macau (0,11%), en andere (3,3%). Het aandeel van de investeringen in vaste activa in BBP van de leiders: China (40,0%), Zuid-Korea (30,8%), Japan (24,7%), Macau (23,1%) en Hongkong (22,3%). De investeringen in vaste activa per hoofd in Oost-Azië onder de leiders: Japan ($8.981,8), Macau ($6.174,4), Hongkong ($6.113,2), Zuid-Korea ($5.326,8) en China ($782,2). De groei van de investeringen in vaste activa onder de leiders: China (13,4%), Macau (9,4%), Zuid-Korea (4,1%), Hongkong (2,3%) en Japan (-2,0%).

de jaren 2010

De investeringen in vaste activa van Oost-Azië bedroeg in de jaren 2010 US$6,4 biljoen per jaar. Het aandeel in de wereld was 33,1%, en 71,9% in Azië.

Het aandeel van de investeringen in vaste activa in het BBP van Oost-Azië was 35,2% in de jaren 2010, en was vergelijkbaar met Ethiopië (35,3%), de Maldiven (34,9%).

De bruto-investeringen in vaste activa per hoofd in Oost-Azië was $3.880,4 in de jaren 2010s, en was vergelijkbaar met Palau (US$3,8 duizend), Slowakije (US$3,8 duizend). De bruto-investeringen in vaste activa per hoofd in Oost-Azië was 48,0% hoger dan de investeringen in vaste activa per hoofd van de bevolking in de wereld ($2.621,1), en was 93,3% hoger dan de investeringen in vaste activa per hoofd van de bevolking in Azië ($2.621,1).

De groei van de investeringen in vaste activa in Oost-Azië bedroeg 6.3% in de jaren 2010, en was vergelijkbaar met Indonesië (6,2%), Lesotho (6,3%). De groei van de investeringen in vaste activa in Oost-Azië (6,3%) was groter dan de groei van de investeringen in vaste activa in de wereld (4,1%), was groter dan de groei van de investeringen in vaste activa in Azië (6,0%).

Vergelijking met subregio's. De investeringen in vaste activa van Oost-Azië was 6,8 keer groter dan in Zuid-Azië (US$937,8 miljard), 8,4 keer groter dan in Zuidwest-Azië (US$758,3 miljard), 9,0 keer groter dan in Zuidoost-Azië (US$709,0 miljard) en 79,2 keer groter dan in Centraal-Azië (US$80,3 miljard). De investeringen in vaste activa per hoofd in Oost-Azië was in Oost-Azië30,2% groter dan in Zuidwest-Azië (US$3,0 duizend), 3,3 keer groter dan in Centraal-Azië (US$1.182,3), 3,4 keer groter dan in Zuidoost-Azië (US$1.125,1) en 7,5 keer groter dan in Zuid-Azië (US$516,4). De groei van de investeringen in vaste activa in Oost-Azië was groter dan in Zuidoost-Azië (6,2%), in Zuid-Azië (4,7%) en in Zuidwest-Azië (4,0%); maar minder dan in Centraal-Azië (8,4%).

Leiders. De investeringen in vaste activa van Oost-Azië in de jaren 2010 bestond uit: China (71,1%), Japan (19,0%), Zuid-Korea (6,8%), Hongkong (1,1%), Macau (0,12%), en andere (1,9%). Het aandeel van de investeringen in vaste activa in BBP van de leiders: China (43,0%), Zuid-Korea (29,9%), Japan (23,1%), Hongkong (22,3%) en Macau (16,9%). De bruto-investeringen in vaste activa per hoofd in Oost-Azië onder de leiders: Macau ($13.273,2), Japan ($9.460,2), Hongkong ($9.333,9), Zuid-Korea ($8.563,8) en China ($3.224,9). De groei van de investeringen in vaste activa onder de leiders: China (8,0%), Zuid-Korea (2,9%), Japan (1,8%), Hongkong (1,5%) en Macau (1,3%).